Edeltraud Forster

Herunter und wieder hinauf

Eine Lebensreise

1953 - 2010

Best off
Der Verlag für besondere Bücher

Bibliografische Information der Deutschen Nationalbibliothek:
Die Deutsche Nationalbibliothek verzeichnet diese Publikation in der Deutschen Nationalbibliografie; detaillierte bibliografische Daten sind im Internet über http://dnb.d-nb.de abrufbar.

1. Auflage 2010

Herstellung und Gestaltung: Patricia Knorr
Titelbildvorlage: Fanny Wilczek

Postfach 12 03 47
93025 Regensburg
Tel: 09404 / 96 14 84
Fax: 09404 / 96 14 85
e-Mail: info@best-off-verlag.de
Homepage: www.best-off-verlag.de

ISBN 978-3-942427-12-8

Dieses Buch widme ich

meinen Kindern und meinen Geschwistern,

denen ich mit all meiner Liebe verbunden bin.

Prolog

*„Hast Du Dir das auch gut überlegt?
Willst Du wieder hinunter auf die Erde?
Du weißt Du musst nicht."
Der freundlich lächelnde Engel steht vor der Seele und schaut sie eindringlich an. Die nickt, fest entschlossen: „Ja ich will, ich will noch einmal die Schwere der Erde spüren und die Düfte der Blumen riechen, ich will ein Kindlein gebären und barfuß über die Wiese laufen.
Das, so erinnere ich mich, war bei der letzten Reise das Schönste: barfuß über eine Wiese laufen, eine Sommerwiese wenn die Vögel singen und die Luft warm und lind ist."
„Kannst Du Dich denn auch an das andere noch erinnern?
An alles was Dir weh tat, was Du entbehren musstest?
Wie viel Du geweint hast." Die Seele wird ein wenig nachdenklich: „Oh, ja, ich erinnere mich.*

Dennoch will ich noch einmal hinuntergehen, so vieles hab ich noch nicht erfahren. Und ihr werdet doch bei mir sein." Sie schaut den Engel an, der nickt: „Das weißt Du, wir sind immer da."

Heute ist Mittwoch, der 13. Januar 2010. Ein halbes Jahr ist es her, dass ich mein Leben, so wie es dreiunddreißig Jahre lang war, verlassen habe. Wäre ich geblieben, hätte es das endgültige Aus für meine Selbstachtung bedeutet. Es ist jedoch wie in den Märchen: Die Situation wird unerträglich und die Protagonisten machen sich auf ihren Weg, fort von daheim. Der Weg allerdings führt nicht gleich ins Glück, erst sind noch viele Hürden zu bewältigen. Das Alte hinter sich lassen, ist ein schmerzhafter Abschiedsprozess. Die eigene Welt ist aus den Angeln gekippt und schwankt noch lange hin und her. Du weißt, du bist auf dem richtigen Weg, er wird dir dennoch schwer. Meine Söhne haben das erste Weihnachtsfest auf dem neuen Weg gemeinsam mit mir gefeiert. Es war wunderschön, festlich und voller Liebe. Am ersten Weihnachtsfeiertag aber besuchten sie ihren Vater. Nach ihrem Abschied fuhr ich ohne Aufzug schnurstracks in die Hölle. Und heute, 20 Tage später, bin ich immer noch nicht wieder ganz oben angelangt. Eine Erkältung, die beständig wandert, vom Hals in die Brust, zu den Nebenhöhlen, wieder zum Hals, und die tiefe Trauer über mein Leben wechseln sich ab und halten mich unten. Es ist, als sollte und wollte ich nie wieder ans Licht kommen. Ich sitze auf meiner Couch, während draußen der Schnee fällt, und weine und rotze und fiebere und stricke und denke nach und beginne wieder zu weinen.

Viele Seen der Traurigkeit habe ich durchwandert in diesen sechsundfünfzig Jahren, im Grunde wäre ich oft gerne gestorben, nur die Angst, auch im Jenseits nicht willkommen zu sein, hielt mich am Leben. Wenn ich hinübergehe, will ich willkommen sein. Alle, die auf mich warten, sollen sich freuen, wenn ich nach diesem Leben heimkomme. Sie sollen mich so fest in ihre Arme nehmen, dass sie mich fast erdrücken. Endlich werde ich dann zu Hause sein. Heute erst merke ich, wie sehr es mir immer gefehlt hat, dass ich keine Hand hatte, an der ich etwas hätte ausprobieren können. Wenn ich mich traute, etwas zu probieren, und es schlug fehl, war keiner da, der sagte: „Macht nichts, probier's einfach nochmal."

Meine Großeltern waren in all ihrer Liebe und Mühe nicht in der Lage mich zu unterstützen, zu schwer hatten sie an ihrem eigenen Leben zu tragen.

Beinahe mein ganzes Leben habe ich gewartet, dass einer käme, einer, ein Prinz, ein König, ein Gott, der mich erlöst. Ich war so sicher, dass einmal einer käme. Es kam einer, aber der wurde nicht mein Erlöser. Der trank meine Säfte, aß mein Essen, ließ sich von mir durchs Leben schieben und feindete mich an. Auch in meiner Ehe habe ich immer gewartet. Gewartet, dass er mich in den Arm nimmt, dass er einmal voller Freude mit mir durch die Stube tanzt, dass er der Welt sagt: Die hier, die liebe ich. Nichts dergleichen geschah. Und ich habe gewartet und geweint und geweint und gestritten und geschrien und geweint und alle haben gesagt: „Was ist denn das für eine Närrische? Mit der muss er sich ja zu Tode schämen". Er ist geblieben, weil er immer jemanden brauchte, der ihm die Steine aus dem Weg räumt.

Ich bin geblieben, weil ich gewartet und gehofft habe, dass er doch noch einmal der Mann an meiner Seite wird, der sich in Liebe mir zuwendet. Keiner von uns beiden kam auf die Idee zu gehen und sich anderswo nach dem Glück umzuschauen. Dreiunddreißig Jahre lang. Er wollte, wie meine Oma, dass ich auf dem Kanapee sitze und nur ja keine Lebensregung von mir gebe, außer natürlich alles für ihn zu tun. Sang ich, schaltete er das Radio ein, las ich ihm ein Gedicht vor, schlief er ein. Nahm ich ihn bei der Hand, um mit ihm durch die Küche zu tanzen, ging er. Wollte er Sex und ich tat nicht, wie er wollte, war sicher, dass er mich wochenlang nicht mehr ansah. Kein Gespräch, außer übers Wetter, keine Zärtlichkeit, nichts. Ich bin halb wahnsinnig geworden.

Nein, die Idee, mir einen anderen zu suchen, kam mir nie. Nur von ihm wollte ich geliebt werden. Und so habe ich gewartet und gewartet und gehofft und gehofft.

Endlich bin ich ausgezogen und das Warten habe ich beendet und nun will ich Rückschau halten auf mein Leben. Vieles habe ich anzuschauen, einzuordnen und zu verzeihen, mir selber und den anderen.

Und eines ist sicher, ich werde aufhören zu warten und mich um meine Erlösung selber kümmern.

Behinderung

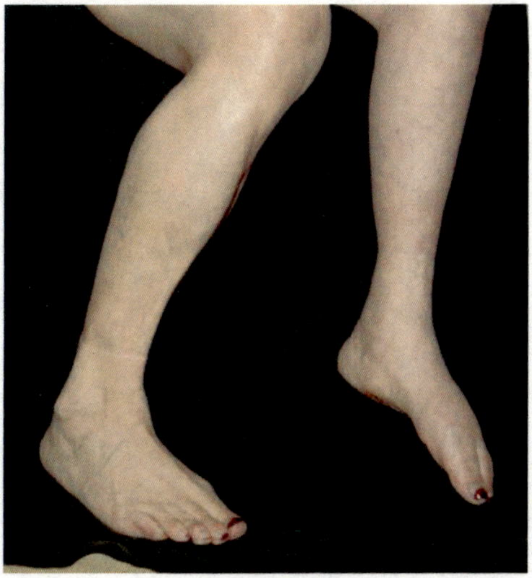

Hinderung

Im April, acht Jahre nach Ende des mörderischen Krieges, bin ich in Hausen, Burgerstraße, in der Küche meiner Eltern auf dem Kanapee zur Welt gekommen. Die Nacht war vom Vollmond erhellt gewesen und nun brach der neue Tag an, er hörte meinen ersten Schrei. Meine Eltern hatten bereits eine Tochter. Erna, sie war bei meiner Geburt 20 Monate alt. Zur Familie gehörte auch der 12-jährige, ledige Sohn meiner Mutter.

Meine Mutter war bei meiner Geburt 34 Jahre und drei Monate alt und mein Vater 26. Sie hatten sich in der Lederwaren-Fabrik kennengelernt, in der sie beide arbeiteten. Vater war mit siebzehn Jahren in den Krieg gezwungen worden und in Jugoslawien lange in Gefangenschaft gewesen. Endlich nach Hause gekommen, hatte er wieder angefangen, wie vor dem Krieg, in dieser Fabrik zu arbeiten und da war eben auch Mutter. Er war ein dünner, mittelgroßer Mann mit schwarzem Haar, das er immer sehr kurz und streng zurückgekämmt trug. Mitten am Kinn hatte er eine tiefe Falte. Wenn er lachte, zog sich um seine Augen ein Faltenkranz, der sein ganzes Leben lang gleich anzusehen war, aber mit den Jahren immer tiefer wurde. Ich glaube, er hätte gerne gelacht, aber das Leben war für ihn nicht oft zum Lachen. Er war ein kluger Mann, immer SPD-Parteimitglied und ein wunderbarer Schachspieler.

Schon als Kind war er sensibel und eher ängstlich gewesen, sein jüngerer Bruder musste ihm oft in Situationen beistehen bei denen er sich alleine nicht getraute.

Der Krieg gab ihm den Rest und er konnte nur schlafen wenn der richtige Pegel Alkohol erreicht war. Und so schaute er viel zu oft, viel zu tief in den Bierkrug und es kam die Zeit, dass ihn in der Familie keiner mehr ernst nahm. Egal ob das, was er sagte gut oder schlecht war, bei jedem Wort sah man seine Saufgestalt. Sah man das nasse Bett am Morgen, die wankende Figur, die in der Nacht mühsam den Heimweg fand. Und die kohlrabenschwarze Katze des finsteren Kreislaufes begann sich in den Schwanz zu beißen und hörte damit während seines gesamten, nur dreiundsechzig Jahre dauernden Lebens nicht mehr auf. Er wurde von seiner Familie verachtet, weil er trank, und er trank, weil er verachtet wurde. Keiner war da, der diesen Kreislauf hätte unterbrechen können. Den ledigen Buben, seinen Stiefsohn, konnte er nicht leiden. Den hätte er oft gerne unter den Tisch geschlagen, besonders wenn er tief veilchenblau aus dem Wirtshaus heimkam. Aber Mutter war immer stärker als er. Sie war eine dicke Frau, *gegen alle Unbill der Welt ließ sie sich einen dicken Fettpanzer wachsen. Wenn er auf sie oder das Kind losging, dann wehrte sie sich und er konnte ihrer, zum Glück, nicht Herr werden. Aber wie schwer war ihr das, hatte sie sich doch ein anderes Leben gewünscht als dieses dass sie bereits aus ihrer Mutter-Familie kannte. Auch ihr Großvater hatte getrunken, so viel, dass er den ganzen kleinen Bauernhof versoffen hatte. Endlich musste der Mann mit Frau, Schwester und zwei Enkelkindern, die beiden Töchter hatten sich aus dem Staub gemacht, in eine kleine Kellerwohnung ziehen.*

Das einzige, was er noch bezahlen konnte. Das Saufen hat er nicht aufgehört. Was war das für ein Elend in ihrer Kindheit gewesen! Mit der Heirat dachte sie, dieses Elend hinter sich zu lassen. Aber da sie die Wohnung nicht wechselten, änderte sich für sie an den äußeren Umständen kaum etwas. Außer dass der Mann, der trank, nun ihr eigener war und die Stube sich mit Kindern füllte.

Ohne es je zu begreifen, hatte sie ihrem Leben dazu noch eine schwere Fracht auferlegt, als sie den Vater ihres Sohnes, der sie sitzen ließ, nachdem die Schwangerschaft ruchbar geworden war, verwünschte: „Nie mehr soll er ein Kind zeugen können“. Dieser Bannspruch hat sich an ihm erfüllt, aber er bannte auch sie. Sie bekam wohl Kinder, aber glücklich war sie dabei nicht. Sie hätte eine sehr schöne Frau sein können, wenn das Fett etwas weniger und die Sorgen etwas kleiner gewesen wären. Vater liebte sie. Gegen alle äußeren Umstände war sie die Frau seines Lebens und ich bin sicher, dass er nicht ein einziges Mal daran dachte, dass er sie verlassen könnte. Seine Mutter hatte ihm immer nahegelegt, er solle wieder zu ihr nach Hause kommen, dort würde es ihm besser gehen. Einmal kam sie gar, um ihn abzuholen. Er ging nicht mit. Seine Frau war sein Leben. Alles was er nicht sehen mochte oder konnte, schwemmte er mit Bier hinweg. Um hin und wieder Lachen zu können musste erst alles schwimmen, vor allem die Jahre in der Gefangenschaft, die ihm alle Pläne alle Zukunftsvisionen zerstörten. Erst wenn der Alkoholpegel hoch war konnte er den Schrei seines Freundes überhören, der vor seinen Augen erschossen worden war.

Dennoch war er, wenn er nüchtern war, ein freundlicher Mann, ging mit der Familie spazieren, stand Stundenlang am kleinen Schneehügel um den Buben die Skier zu wechseln, da beide nur ein paar alte Skier besaßen und die mussten mit jedem Wechsel neu eingestellt werden. Großen Wert legte er auf geputzte Schuhe. Wenn ich meine Augen schließe, dann sehe ich ihn noch dasitzen,

Samstagvormittag, mitten in der Küche, alle Schuhe der Familie um sich verteilt, um gewissenhaft ein Paar ums andere sauber zu reinigen und einzucremen. Auch seine Hosen waren immer aufs Beste gebügelt und die Bügelfalten standen fast von alleine. In der Arbeit war er wohlangesehen, denn er war fleißig, kam nie zu spät und war nie krank. Jeden Morgen trank er aus einer riesengroßen Tasse seinen Kaffee, in den er drei gehäufte Esslöffel Zucker rührte. Sehr wichtig war, dass das Mittagessen pünktlich um zwölf Uhr auf dem Tisch stand. Sonst, so glaube ich, hatte er nicht viele Ansprüche an das Leben.

Mit meiner Geburt hatten sie also nun das zweite Kind bekommen. Es wäre Vaters Wunsch gewesen, dass ich an seinem Geburtstag, dem errechneten Termin, erscheinen würde und das wäre die Krönung gewesen, ein Sohn wäre. Das hätte ihm gefallen, ein Sohn am gleichen Tag geboren wie der Vater. Nun, ich wartete einen Tag und kam als Mädchen.

Und sie wohnten immer noch in den kleinen Kellerzimmern, die mein Urgroßvater gemietet hatte und die aus einer Küche, einem kleinen Nebenraum und einem Schlafzimmer bestand. Ich erinnere mich, dass ein langer, sehr dunkler Gang, in dem es immer kalt und modrig war, zu der

Küche führte. Das Fenster der Küche war ebenerdig. Wenn mit den Kindern im Garten etwas war, kroch Mutter durch dieses Fenster hinaus. Gegenüber der Küchentüre, über den dunklen Gang, war die Tür zum Schlafzimmer, die Möbel dort hatten die Eltern sich zur Hochzeit gekauft. In diesen dunkelbraunen Holzbetten schliefen meine Eltern bis zu ihrem Tode.

Mit meinem ersten Schrei stellte sich leider nicht nur heraus, dass der Wunsch nach einem Sohn noch warten musste, auch die Nachgeburt war an der Gebärmutter festgewachsen. Und so kam es, dass wir beide, Mama und ich, ins Krankenhaus gebracht wurden. Wenn ein Säugling immerzu schreit, wird er mit seinem Bettchen auf eine Wärmeplatte gestellt. Die Wärme macht das Kind müde und es schläft ein. Ich schrie, so laut ich in den ersten Stunden meines Lebens schreien konnte, denn ich wollte zu Mama. Was machten die fürsorglichen Menschen da mit mir? Sie packten mich fest und warm ein. Warm, heiß war mir! Wärme macht schläfrig! Hitze haut einen um! Hilfe Mama, Mama, wo war denn nur meine Mama? Ich sollte bei ihr sein, ihren Duft riechen, ihre Stimme hören, bei ihr zufrieden trinken. Aber ich war allein und wurde gebraten. Die Luft ging mir aus, das Kissen war so fest um mich gewickelt wie der Panzer um eine Grille. Ich durfte nicht zu Mama. Ich starb! Leider nicht wirklich.

Ich schlief ein und wurde wieder wach. Wie oft in meinem Leben schlief ich ein und wurde wieder wach und das Leben hatte sich nicht geändert und die Last drückte meine Seele wie zuvor, ach wäre ich doch einmal nicht mehr wach geworden.

Sechs Wochen dauerte damals die Zeit des Mutterschutzes, sechs Wochen durfte Mutter daheim bleiben, dann hieß es wieder Arbeiten. Mutter arbeitete immer noch an der Nähmaschine, in der Fabrik. Meine Schwester war in Tagespflege bei einer Nachbarin. Diese Nachbarin hätte auch mich dazu genommen, aber da war Oma, Oma wollte das es ihre Kinder besser haben als sie es einst hatte. Sie kam auf Besuch und bot an uns zwei in Pflege zu nehmen. Mutter könnte dann Arbeiten gehen und wir wären gut versorgt. Mutter wollte nicht so recht, aber Vater fand die Idee ganz gut. So geschah es das ich, sechs Wochen alt, ganz von Mutter wegkam. Die Stimme, die ich neun Monate gut geschützt im Bauch gehört hatte, hörte ich nicht mehr. Ich lag nicht mehr an Mutters weichem Bauch, ich durfte nicht von ihren Brüsten trinken. Nun wurde ich aus der Flasche ernährt. Am Sonntag kamen Papa und Mama uns besuchen, aber Mutter und Oma konnten sich nicht leiden. Oma verachtete die dicke Schwiegertochter und wollte, dass sie keine Kinder mehr bekäme. Sie konnte nicht verstehen, dass jemand, dem mit einem mal viele Türen offen stehen, nicht durch eine gehen wollte. Mutter sollte zur Arbeit gehen und sich etwas aufbauen, wie es jetzt für Menschen, die im aufstrebenden Deutschland nach dem Krieg lebten, möglich war.

Alle Türen standen scheinbar offen für den, der fleißig und strebsam war. Mutter aber wollte nicht auf diese Weise fleißig und strebsam sein. Mutter wollte Kinder haben, eine glückliche Familie.

Oma wäre so gerne fleißig und erfolgreich gewesen, aber da waren nun wir zwei Kinder und hielten sie davon ab. Anstatt in die Welt hinaus zu gehen und endlich Geld zu verdienen, fühlte sie sich verpflichtet, sich um uns zu kümmern. Leider bedenkt nie jemand dass so ein Kümmern aus Zwang immer auch Zwangslagen schafft? Wir waren in einer Zwangslage, meine Schwester und ich. Wir waren noch so klein und wir wollten zu Mama.

Als Mutter wieder schwanger wurde und sich im Juni 1954 unser erster Bruder einstellte, nahmen meine Eltern meine Schwester wieder mit. Mutter hörte auf zu Arbeiten und blieb bei den Kindern zu Hause. Ich blieb bei den Großeltern, weil Großvater mich behalten wollte. Oma wollte lieber Erna behalten, war die doch schon größer und machte nicht mehr so viel Arbeit. Opa setzte sich durch. Mit Erna gingen das Lachen, das Schmusen und das erste Zanken. Nicht mehr konnten wir uns im

Bett aneinander kuscheln, nicht mehr konnte ich hinter ihr her kriechen und ihr ein Spielzeug streitig machen. Nicht mehr bekam ich von ihr eine draufgehauen, wenn ich ihr etwas, das sie gerade mit Mühe gebaut hatte, wieder zerstörte. Sie war nicht mehr da. Ich wurde krank. War ich doch sowieso ein eher schwächliches Kind, vertrug die Nahrung nicht gut und litt lange an Keuchhusten. Wie oft war Opa des Nachts aufgestanden und hatte mir den Schleim aus dem Mündchen geholt, damit ich weiter atmen konnte. Nächtelang saß er mit mir in der Küche, damit ich aufrecht an seiner Schulter schlafen konnte. Er war in zwei Weltkriegen gewesen und litt an Herzasthma, er wusste wie quälend es ist keine Luft zu bekommen. Den Keuchhusten kurierte ich nach Monaten aus, aber im Juni des Jahres 1954 erkrankte ich erneut. An Opas Hand war ich schon die ersten Schritte gelaufen und alle waren froh dass ich nun doch endlich gedeihen wollte. Da bekam ich mit einem Mal sehr hohes Fieber. Der Doktor wurde geholt, der zuckte mit den Achseln und kam am nächsten Tag wieder. Am dritten Tag sagte er, dass ich mit Verdacht auf Poliomyelitis, Kinderlähmung, ins Krankenhaus müsste. Als mich der Krankenwagen nach Landshut ins Kinderkrankenhaus brachte, hielten die Sanitäter an Mutters Tür. Ich hatte hohes Fieber und sah aus wie eine Wachspuppe. Mutter hat mich, erschrocken angeschaut.

Vielleicht wusste sie vorher gar nicht wie ich aussah. Drei Monate war ich im Krankenhaus, keiner durfte mich besuchen. Polio ist ansteckend. Nachdem ich nicht mehr ansteckend war, legten sie mich zu kranken Frauen ins Zimmer, die kümmerten sich ein wenig um mich. So ein kleines Kind im Zimmer hebt wohl die Genesungschancen auf beiden Seiten.

Als Oma kam, um mich wieder mit nach Hause zu nehmen, erkannte ich sie nicht mehr, und ich wollte auf gar keinen Fall mit ihr gehn. Das Krankenhaus war mein Zuhause geworden, leider wollten die mich nicht mehr behalten. Ich klammerte mich an die Klosterfrau und riss ihr beinahe den Habit ab. So gerne wäre ich bei ihr geblieben, aber diese fremden Leute scherten sich nicht um meine Gefühle und nahmen mich einfach mit.

Den ganzen Weg nach Hause schrie ich mir die Seele aus dem Leib, aber als wir aus dem Sanka stiegen, zeigte ich auf die vorbeifliegenden Schwalben und sagte unter abziehenden Schluchzern: „Wawa." Ich war wieder daheim. Meine Großeltern wohnten zu dieser Zeit in einem kleinen Haus am Rattenbach. Im Erdgeschoß nannten sie eine Wohnküche und ein Schlafzimmer ihr Eigen. Im oberen Stock wohnte eine alte Frau, mit der Oma Spinnefeind war.

Ich erinnere mich, dass uns diese Frau viel später einmal besuchte. Oma wollte ihr voller Stolz zeigen, dass sich ihre Wohnsituation sehr verbessert hatte. Die alte Frau war dürr, zusammengezogen saß sie an unserem Tisch mit der Resopalplatte, in die Opa einmal ein Loch geschlagen hatte, als er eine Walnuss mit einem Faustschlag aufklopfen wollte. Oma kredenzte ihr im besten Geschirr guten Bohnenkaffee und bot ihr Kuchen an. Die alte Frau besah sich den Kuchen, rückte den Teller zurecht, fasste sich in den Mund und zog das Gebiss heraus, mit dem sie nicht essen konnte und das sie nur einlegte, wenn sie angeben wollte. Legte es neben ihren Teller auf den Tisch und verspeiste mit gutem Appetit den Kuchen, trank den Kaffee und war des Lobes voll, mir aber drehte sich der Magen um. Wochenlang habe ich mich nicht an die Stelle gehockt, an der sie gesessen hatte. Beinahe jeden Tag putzte ich den Tisch mit Scheuerpulver.

Nun war ich also wieder daheim, aber jetzt war ich ein Krüppel. Mein linkes Beinchen einschließlich Hüfte war befallen und wollte nicht mehr richtig wachsen. Oma konnte es kaum ertragen, nun hatte sie nicht nur für einen arbeitsunfähigen Kriegsrentner mit geringstem Altersgeld zu sorgen, nein, nun hatte sie auch noch ein behindertes Kind.

Wie um Himmelswillen sollte sie das alles schaffen? Sie ging putzen in Haushalte, er war zu Hause und versorgte mich. Es war seine Freude mich, sein Enkelkind, aufwachsen zu sehen. Für die eigenen Kinder hatte er, wie viele Väter, noch nicht den richtigen Sinn gehabt. Für mich war er immer da. Nun machte er sich die größten Vorwürfe, warum nur hatte er immer seine Kollegen auf dem Bau besucht? Er war Maurer-hilfsarbeiter gewesen und hatte den Kontakt zu seinen Kollegen gehalten. Einer dieser Männer hatte eine an Polio erkrankte Tochter und der Verdacht lag nahe, dass Opa den Virus mit heimgebracht hatte. Es drückte ihm das Herz, wenn er mich so armselig daher humpeln sah. Der linke Fuß war durch die Lähmung am Sprung-gelenk ohne Kraft und hing locker nach unten. Spitzfuß nannten sie das. Um gehen zu können, musste ich nun mein Beinchen nach vorne schleudern, dann schwenkte der Vorderfuß nach oben und ich konnte auf die Sohle treten. In Landshut gab es einen Orthopäden, Dr. Schwenkert. Zu ihm fuhren wir nun regelmäßig. Diese Fahrten hasste ich.

Heute noch kann ich meine Oma forsch vorangehen sehen, den endlos langen Weg zum Bahnhof. Ich humpelte hinterher, mein Bein tat mir so weh und ich wurde so müde. Dieses Antreiben, um rechtzeitig zum Zug zu kommen, *war für mich die Hölle. Ich war grantig und weinte. Sie sah sich nicht mal um. Heute denke ich, dass auch sie diese Fahrten hasste, aber was sollte sie machen, jemand musste sich ja kümmern. Oft versprach sie mir eine Bratwurst unter den Bögen in der Altstadt, damit ich überhaupt mitfuhr.*

Der Orthopäde Dr. Schwenkert war ein guter Arzt und er interessierte sich für seine Patienten. Er versprach mir immer, er würde etwas tun, damit ich besser laufen könne.

Meine Urgroßmutter im Jahre 1916, mit zehn ihrer Kinder. Dieses Bild wurde dem Vater an die Front geschickt. Nach 1918 wurden noch drei Kinder geboren. Meine Urgroßmutter starb im Jahre 1962, 81 Jahre alt. Die rechte aus der letzten Reihe ist meine Großmutter.

Meine Großeltern waren Opa 1898 und Oma 1902 geboren, beide stammten aus armen Familien. Opas Familie waren Söldner, Kleinstbauern, Omas Vater war Bauhilfsarbeiter. Opas Bruder erbte das Anwesen und er musste sich als Knecht bei Bauern verdingen. Oma hatte 12 Geschwister und die Not war ihr ständiger Gast. Mittags stand für jedes Kind ein Kaffeehaferl am Rande des Herdes und darauf lag eine Scheibe Brot, das war ihre Tagesration.

Die Kinder wurden, kaum der siebten Klasse Volksschule entwachsen, zu den Bauern geschickt um dort ihr Brot zu verdienen. Knecht und Magd sein war ein hartes Los, sie waren die untere Schicht der Gesellschaft und wurden ausgebeutet und verachtet. Oma hat ihr gesamtes Leben lang die Bauern gehasst und sie als „Leutschinder“ bezeichnet.

Ihr erstes Kind, mein Vater, kam als lediges Kind zur Welt, wie auch ihre Schwestern fast alle ein lediges Kind hatten, sie gaben sich eben der Sehnsucht nach Liebe hin und hatten die Last dieser kleinen Vergnügen oft allein zu tragen.

Oma hatte das Glück das Opa zu ihr stand und sie heiratete. Die beiden bekamen drei Kinder und zogen mit ihnen zwei Pflegetöchter groß.

Wenn die jüngste, die Emma hieß und am Starnberger See als Friseurin arbeitete, nach Hause kam, war das ein Fest für mich. Einmal brachte sie eine ganz neuartige Speise: ein Joghurt, es schmeckte sehr sonderbar. Wir waren arme Leute, aber Oma war eine gute Wirtschafterin und so hatten wir immer, was wir brauchten.

Oma und Opa

In meiner frühen Kindheit ging sie immer in Haushalte zum Putzen. Als in Burg der erste Tengelmann-Markt eröffnete, ging sie dort den Laden putzen. Opa und ich waren daheim.

Einmal, ich erinnere mich dunkel, kam eine Frau zu Besuch. Alles war so sonderbar, für mich irgendwie beängstigend. Schließlich schlüpfte ich ganz unter das Kanapee und presste mich fest an die Wand. Dunkel und unheimlich, aber auch irgendwie geborgen, war es da. Endlich schlief ich ein. Wie viel Zeit vergangen war, kann ich nicht sagen. Sie schienen mich gesucht zu haben, denn ich wachte auf, als Opa sagte: da liegt sie ja. Er zog mich liebevoll unter dem Kanapee hervor. Lange konnte ich mir dieses Erlebnis nicht erklären. Heute aber weiß ich, dass die Geliebte meines Großvaters, die er viele Jahre lang hatte, bei uns zu Besuch war. Oma hat es immer gewusst, nicht den Besuch, nein, aber dass er eine Geliebte hatte. Sie hat es ihm nie verziehen.

Während des Krieges war Opa in Innsbruck stationiert. Eines Nachmittags begegnete Oma der Geliebten auf der Straße und begann mit ihr zu streiten. Sie haben sich sogar geprügelt. Voller Zorn schrieb Oma einen Brief nach Innsbruck und machte ihm Vorwürfe. Sein einziger Kommentar soll gewesen sein: „Hättest sie halt nicht angeschaut“. Noch als er tot war, erzählte sie voller Grimm diese Geschichte. Mit mir hat sie über so etwas nicht geredet, aber ich hörte oft zu, wenn sie mit anderen Frauen plauderte. In meinem vierten Lebensjahr zogen wir um. Weg vom Häuschen am Bach, ins Leichenwärterhaus neben der Kirche.

Unten wohnte der Leichenwärter mit seiner Familie, oben bewohnten wir zwei Zimmer. Zum Garten hin war die Küche mit einem Fenster. Wenn man zur Türe hereinkam, war rechter Hand der Küchenherd, anschließend das Kanapee. Um die Ecke, der Türe gegenüber, stand das braune Küchenbuffet. In diesem Schrank, der einen mächtigen Unterbau und einen zierlichen Aufsatz hatte, war alles untergebracht, was meine Großmutter an Geschirr und Speisevorräten besaß. Neben dem Buffet stand eine kleine Kommode. Dann kam um die Ecke das Fenster und darunter eine Bank mit Tisch und zwei Stühlen. In der Ecke zur Türe stand die Singer Kastennähmaschine, der Stolz Omas.

Diese kleine Stube, in der am Samstag eine Badewanne aufgestellt wurde, in der wir alle drei badeten, war mein daheim. Auf der anderen Seite des Hauses, mit Blick auf den Friedhof, war das Schlafzimmer. Diese Möbel hatten sie zur Hochzeit vom Schreiner machen lassen. Sie waren weiß lackiert. Ein dreitüriger Kleiderschrank, ein

Doppelbett, zwei Nachtkästchen und die Spiegelkommode. Neben dem Ehebett stand mein Bett, ein braunes altes Bett, das noch aus der Knechtzeit meines Großvaters stammte. Über dem Ehebett hing ein Bild: Jesus im Ährenfeld. Über meinem Bett hing ein Schutzengelbild.

Zwei Kinder waren darauf zu sehen, sie gingen in einer Gewitternacht eng umschlungen über eine Brücke. An der Brücke, die über einen reißenden Bach führte, waren die Bretter beschädigt und mit jedem Schritt drohten die Kinder in den tosenden Bach zu stürzen. Aber da war der Engel, groß und weiß breitete er seine Flügel und Arme um die Kinder und geleitete sie sicher nach Hause.

Dieses Bild erinnerte mich, den Engel kannte ich persönlich. Wenn ich morgens erwachte und auf das Bild schaute zwinkerte er mir zu. Er war auch an meiner Seite, das wusste ich; und sollte ich je einen reißenden Bach überqueren würde er mich halten. Dieses Zimmer hatte zwei Fenster, an denen lange weiße Stores und bunte Vorhänge hingen. Es war ein stiller Raum, der nie geheizt wurde und der so wunderbar nach Schlaf und Traum roch. Später, als Opa schon gestorben war, gingen Oma und ich Mittwochs immer um 19 Uhr ins Bett und hörten im Radio das Wunschkonzert mit Fred Rauch. Wenn dann das Lied vom Nachtgespenst gespielt wurde: „Das Nachtge-

spenst, das Nachtgespenst, ach sei nur froh das du`s nicht kennst.....“ kuschelte ich mich fest in meine Decke und stellte mir vor, wie das Gespenst vom Friedhof herauf in unser Zimmer kommen würde. Huch, war das schön gruselig.

Gegenüber dem Schlafzimmer war noch ein Zimmer, in dem Leichenwärters schliefen. Ein großer, breiter Gang trennte beide Zimmer. Neben der Tür des Leichenwärters befand sich ein Wasserhahn mit Ausguss, von dem wir unser Trink- und Putzwasser in Eimern holten. Zu uns in den oberen Stock, führte eine schmale Holztreppe, gleich oberhalb der letzten Stufe war eine Türe, an der eine Glocke angeschraubt war. Um zu klingeln war ein Metallschlüssel zu drehen dann läutete es drinnen. Hat bei uns nicht so oft geläutet, wir bekamen kaum Besuch. Nur Allerheiligen kam Besuch, den liebte ich: die Schwestern meiner Oma, Tante Tekla und Tante Liesl. Diese Besuche waren ein Fest für mich und ich ließ mich nie aus der Stube weisen wenn sie da waren. Die Erwachsenen saßen am Tisch und unterhielten sich. Erzählten aus ihrem Leben, von den Geschwistern, aus ihrer Jugend. Ihre Mäntel lagen im Schlafzimmer auf den Betten und Stimmengewirr und Lachen wärmten mein Herz. Unsere Nachbarn waren jünger als meine Großeltern, der Mann war der Leichenwärter in Burg, überwachte das Leichenhaus und den Friedhof; und ging bei den Beerdigungen neben dem Sarg. Oft steckten ihm die Leute einen Geldschein zu damit er sie noch nicht so bald holen möge. Die beiden zogen ebenfalls ein Enkelkind auf, den Hansi.

Wir mochten uns wir beide und spielten miteinander. Leider aber verkrachten sich unsere Großmütter, denn Frau Leichenwärter hätte das Haus gerne für sich alleine gehabt. Es ist ja auch nicht lustig, die Zimmer mit fremden Leuten zu teilen und zu wissen, dass jede Lebensregung von den anderen bemerkt wird. Leider nahmen die beiden Frauen in ihrem Krieg den Hansi und mich als Gefangene. Sie verboten uns strengstens den Umgang miteinander.

Erna, Hansi und ich

Da saß ich also nun in der Küche und schaute zu, wie Hansi draußen auf den Bäumen herumturnte. Ich bewunderte ihn und war gleichzeitig auch neidisch, wie gerne wäre ich mit geklettert Wie gerne wäre ich, aber ich konnte nicht, ich traute mich nicht. Ein Schatten legte sich auf meine Seele. Anfangs schlich ich noch heimlich zu ihm in die Küche, da bekam ich oft Essigknödel. Saures war mir immer lieber als Süßes und für Essigknödel war ich bereit einiges zu tun. Wenn Oma mich erwischte, dann gab´s Ärger. Es strengte mich so an wenn ich etwas Verbotenes tat, ich war hinterher nie stolz auf meine Taten sondern ich überdachte jede Kleinigkeit und schämte mich wenn ich das oder jenes nicht richtig gemacht hatte. Also gab ich irgendwann auf, ich ging nicht mehr zum Hansi, ja ich wagte nicht mal mehr mit ihm zu reden. Meiner Oma war es ohnehin am liebsten, wenn ich auf dem Kanapee saß und mich möglichst nicht bewegte. So konnte mir nichts passieren und sie war der Mühe enthoben, mich irgendwo aufheben zu müssen. Ich saß auch gerne auf dem Kanapee und träumte vor mich hin. Wenn Opa den Ofen einheizte und das Holz knisterte dann träumte ich davon eine Prinzessin zu sein, die noch ihren hundertjährigen Schlaf schläft und bald von einem Prinzen wachgeküsst werden würde. Oder ich spielte mit meinen Füßen, der zarte kleine immer kalte linke Fuß war das Baby und der rechte, der dicke, der starke, der musste auf den kleinen aufpassen und da konnte es schon passieren das der rechte eine draufgehauen bekam, wenn er mir der Fürsorge zu lahm erschien.

Mit vier Jahren kam ich in den Kindergarten. Zur Erzieherin sagten wir „Tante“. Mit mir kamen der Sohn des Doktors und die Tochter des Apothekers in den Kindergarten. Das war was! Die Tante überkugelte sich fast vor Begeisterung. So hochgeborene Kinder, da konnten wir anderen nicht mithalten. Ich schon gar nicht, armer Leute Kind und hinkend.

Im Kindergarten waren die Toiletten winzig klein und die Wasserhähne kinderleicht zu erreichen. Das faszinierte mich und oft bat ich aufs Klo gehen zu dürfen. Dann trank ich aus dem Wasserhahn. Das war klasse. Aber: war verboten! Als ich wieder einmal hinauswollte, musste ich mich vor all den anderen Kindern auf den Topf setzen. Damit konnte mir die liebe Tante beweisen, dass ich gar nicht musste.

Von da an musste ich im Kindergarten nicht mehr aufs Klo. Durst hatte ich auch nicht mehr.

Zur Weihnachtszeit wurde im Kindergarten jährlich ein grandioses Märchentheater gespielt. Mit schönen Bühnenbildern, Kostümen und allem, was dazugehörte. Natürlich durfte Apothekers Töchterlein die Prinzessin spielen und Doktors Sohn den

Prinzen. Ich durfte nicht mitspielen. Ich hinkte ja, war nicht so schön zum Anschauen. Aber ich konnte immer alle Rollen auswendig und sagte sie daheim auf. Ich weinte, weil ich nicht mitspielen durfte. Da ging Oma zur Tante. Das muss ihr hoch angerechnet werden, denn das tat sie nun wirklich höchst ungern. Man solle mich doch auch einmal mitspielen lassen. Und so durfte ich im Jahr darauf einen Käfer spielen. Einen Käfer, der bewegungslos in der Ecke stand und kein Wort sprach.

Nach dem Besuch des Nikolaus im Kindergarten begegnete dem Opa und mir der Kaplan. Er sprach mich an und fragte mich nach dem Nikolaus. Ich erzählte begeistert, was der zu uns Kindern gesagt hatte. Opa platzte fast vor Stolz und der Kaplan freute sich, er war ja der Nikolaus gewesen.

Opa ging immer gerne spazieren. Oft traf er sich mit anderen alten Männern und unterhielt sich über den vergangenen Krieg, die politische Lage und das unerhörte Verkehrsaufkommen durch die vielen Autos am Burger Stadtplatz. Er hätte mich immer gerne mitgenommen, aber die Schmerzen in meinem Bein ließen das nur selten zu.

Der Hansi musste nicht in den Kindergarten. Oma ließ keine Gelegenheit verstreichen um zu betonen wie tapfer ich in den Kindergarten gehe und das es nicht gut für den verzogenen Buben sei, das er immer zu Hause war.

Emma kam wieder einmal zu Besuch und berichtete unter Tränen, dass sie ein Kind bekäme und der Vater verheiratet sei. Grosses Trara! Dann kam das Kind zur Welt, an einem Sonntag. Ein Sohn, Peter wurde er genannt. Oma war glücklich. Ein Sonntagskind, und ein so schönes noch dazu. Jedem, ob er es hören wollte oder nicht, wurde erzählt, wie groß er sei und was für schöne Augen er habe. Emma ging wieder zur Arbeit an den Starnberger See. Peter blieb bei uns. Er wurde der Mittelpunkt von Omas Welt. Mir schien es als würde es mich für sie nicht mehr geben. Dieses wunderschöne Kind mit den zwei geraden Beinen war Omas Glück. Wie oft sah ich ihr zu wie sie mit Peterle im Arm durch die Stube tanzte. Ich war so eifersüchtig, das ich am liebsten gestorben wäre. Opa und ich wurden noch mehr eine Einheit, wir waren die die draußen vor der Türe standen, Oma bemerkte uns nicht. Einmal stand ich am Herd und schaute zu wie sie mit Peterle ihre Späße machte. Ich lachte, aber ohne dass ich es wollte, wurde aus diesem Lachen ein dicker verzweifelter Tränenstrom. Ich versuchte ihn zu unterdrücken, aber es gelang nicht. Sie hat es nicht gemerkt.

Sonntagsausflug in eine Waldwirtschaft,
Oma, Opa und ich. Im Jahre 1958.

Peter durfte in ihrem Bett schlafen, mich ließ sie niemals in ihr Bett. Opa hätte mich gerne zu sich ins Bett gelassen, aber durch dieses schwere Asthma schwitzte er so stark das sein Bett immer feucht war. Das konnte ich nicht leiden und so lag ich in meinem Bett, erzählte mir die Märchen die ich schon kannte und war den Gespenstern hilflos ausgeliefert.

Dann kam ich in die Schule, schon das Einkaufen des Schulpacks war etwas Wunderbares gewesen, und die schönen neuen Stifte, ich war begeistert. Oma kaufte mir die schönste Schultüte der Welt, achteckig, grün mit bunten Bildern und es waren lauter nützliche Dinge drinnen versteckt. Keine Süßigkeiten denn die mochte ich nicht leiden. Am ersten Schultag gingen wir zwei, Oma und ich also in das große Schulgebäude und lernten die Lehrerin Frau Hintereder kennen. Wir sollten immer Schürzen tragen und die Mütter sollten dafür sorgen, dass wir immer sauber in die Schule kämen, erklärte sie uns. Oma war über Wochen schwer ergrimmt, denn Sauberkeit war ihr größter Spleen, immer war bei uns alles geputzt und gewaschen und da wagte es diese hergelaufene Bauerntochter, die nur studieren durfte weil halt Geld da war, ihr etwas von Sauberkeit zu erzählen.

Immer wenn sie wieder anfing zu schimpfen erzählte Opa grinsend wie er die junge Hinterederin einmal auf dem Tanzboden fragte: „Na, Lehnerbäuerin (das war der Hofname) drah ma oan?" und sie ganz hochnäsig geantwortet hatte: „Nein danke!" Opa konnte dieses Nein danke! So hochnäsig und witzig sagen dass wir immer lachen mussten. An Fronleichnam war in Burg immer große Prozession, alle Welt war auf den Beinen und die Kinder gingen schön gekleidet hinter dem Himmel, unter dem die Monstranz durch die

Straßen getragen wurde, her. Der Weg war sehr weit, aber ich hinkte tapfer mit, am halben Weg aber kam Oma und nahm mich aus dem Zug, wir gingen eine Abkürzung die mir die Hälfte des Weges ersparte, zum Schluss war ich wieder dabei. Der Weg war für meine Beine lange genug gewesen. Als aber am Montag Lobbildchen verteilt wurden für die Teilnahme am Fronleichnamsumzug bekam ich kein Bildchen, denn ich war ja nicht dabei gewesen.

Die Schule sah ich nach der anfänglichen Begeisterung als schweres Übel und ich tat nur was unbedingt notwendig war.

Nur Lesen lernte ich sofort, oh was war das schön. Bereits Weihnachten konnte ich Opa aus der Zeitung etwas vorlesen und ich holte mir aus der Pfarrbücherei alle Bücher die mir die Klosterfrau mitgab. Lesen wurde meine Leidenschaft.

Während der zweiten Klasse erkrankte ich an Gelbsucht. Sechs Wochen war ich krank und lag in der Küche auf dem Kanapee. Der Arzt wollte mich ins Krankenhaus einweisen, aber Oma ließ es nicht zu, sie pflegte mich selber. Ich musste strenge Diät halten, aber ich fand es so schön auf den Kanapee zu liegen und Oma beim Kochen zu zuschauen und mit Opa zu reden der immer auf seinem Stuhl am Fenster saß und mir beschrieb was er draußen alles sah. Da kam eines Nachmittags der alte Pfarrer Hilbinger zu mir auf Besuch.

Ich kannte ihn vom Religionsunterricht und mochte ihn gerne. Er zog sich den Stuhl nahe zu mir heran und unterhielt sich mit mir. Ich war wie in einem Traum. Gab es so etwas? Jemand kam zu mir auf Besuch! Er fragte mich wie es mir gehe und erzählte mir von der Schule. Dieser alte Pfarrer, er war damals kurz vor seiner Pensionierung, hat mir in seiner Liebe etwas gebracht das mir Hilfe und Weg sein sollte für mein gesamtes Leben. Er hat mir Gott gebracht. Ging es mir doch so wie es allen geht wenn sie auf diese Erde kommen. Mit jedem Tag mehr den uns die Erde anzieht, vergessen wir stärker wo wir herkommen. Ich spürte zwar immer die Engel die um mich waren, aber da meine Oma jeden Glauben strikt ablehnte und wir nie beteten oder in den Gottesdienst gingen, gab es Gott für mich nicht. Pfarrer Hilbinger ist schon lange tot, Gott hab ihn selig, er hat mich erinnert. Plötzlich wusste ich wieder das Gott da war, für mich da war. Ich begann glühend zu glauben.

Omas Unglaube konnte mich nicht aufhalten. Einmal erzählte ich ihr begeistert vom Besuch des Erzengels Gabriel bei Maria, da schaute sie mich verächtlich an und sagte: „Glaubst du etwa an die jungfräuliche Empfängnis?“ Darüber hatte ich nie nachgedacht, ich hatte nur voller Freude meinen

Glauben gefunden. Diese Geschichte ist mir nie wichtig gewesen, jungfräulich oder nicht. Wesentlich ist, dass der Sohn Gottes kam und uns eine wunderbare Botschaft brachte. Die Botschaft, dass da ein Gott ist, der noch mehr als mein Opa, mich liebt. Mich das hinkende kleine ganz und gar unwesentliche Kind. In der Schule interessierte mich nichts mehr als die Geschichten aus der Bibel. Besonders die Geschichte von Josef und seinen Brüdern hatte es mir angetan. War ich doch wie Josef fortgegeben worden und ich war so allein, wie Josef war. Dennoch wuchs in mir die Gewissheit, dass auch ich einmal mein „Ägypten" finden würde. Dazu kam, dass ich in der Pfarrbücherei auf die Geschichten Karl Mays fand. Der festigte meinen Glauben mit seinen Geschichten. Ich war mir sicher: wenn ich nur an Gott glaubte und so ein gutes Leben lebte wie Old Shatterhand, dann würde auch mir das Glück winken.

Oma und ich beim Schlittenfahren

Freunde hatte ich nie, ich konnte ja nicht rennen und springen. Oma ließ mich auch nie zu jemanden gehen. Sie mochte die Tratschereien nicht, und sie hatte immer Angst dass mir etwas passiert. So war ich viel mit Opa allein. Er saß neben mir wenn ich meine Hausaufgaben machte und schaute aus dem Fenster.

Sein schweres Asthma verhinderte mit der Zeit immer mehr seine geliebten Spaziergänge.

Ich wusste nicht wie krank er war, ich spürte nur die Bedrohung wie einen dunklen Schatten. Er hatte die Angewohnheit Wespen die sich in unsere Stube verirrten mit dem Daumen zu zerdrücken, dabei stach ihn einmal eine in der Pulsgegend.

An dem Nachmittag wollten wir ins Kino: „Schneeweißchen und Rosenrot" auf dem Weg dahin brach er auf der Straße zusammen, zum Glück gegenüber der einzigen Arztpraxis die es damals in Burg gab. Er konnte gerettet werden und meine Tante ging mit uns ins Kino. Anfangs konnte ich nicht wirklich zuschauen zu sehr hatte ich Angst um meinen „Papa", wie ich Opa nannte. Dann aber zog mich das Märchen in seinen Bann. Über beide Ohren verliebte ich mich in den Bären. Wochenlang bewegte ich das Märchen in meinem Herzen und jeden Abend erzählte ich mir das Märchen vor dem Einschlafen.

Ich war nie ein fröhliches Kind gewesen, aber die immer im Untergrund schwelende Angst um meinen Opa machte mich zu einem sehr ernsten Kind. Mein Opa das war meine Welt, wenn wir zusammen sangen, wenn er auf mich wartete, wenn er mir gegen Oma beistand, dann war meine Welt in Ordnung. Meine Mutter verachtete ich, sah ich sie unverhofft in der Stadt versteckte ich mich.

Niemals konnte die meine Mutter sein, ich war eine vertauschte Prinzessin, dessen war ich mir gewiss, und eines Tages würde die Wahrheit ans Licht kommen. In diesem Glauben bestärkten mich meine Märchen, die vielen geliebten Geschichten und meine geheime Begleiterin: „Sissi“. Sie war immer da und viele Tage meine einzige Gesprächspartnerin. Ihr erzählte ihr alles und spielte mit ihr. Da ich mich immer laut mit ihr unterhielt, hörten meine Cousine Rosi und ihre Mutter von ihr. Oh, wie haben sie mich ausgelacht! Mein Onkel suchte daraufhin das Gespräch mit Oma und versuchte ihr klar zu machen, dass ich geistig wohl sehr zurückgeblieben sei. Das glaubten ohnehin alle Leute, denn: Behindert ist gleich blöde. Aber blöde oder nicht, ich war sicher, wenn ich nur ein guter Mensch sein würde, dann würde mir nichts fehlen im Leben. Ich rettete jeden Käfer und versuchte, so gut ich es vermochte, ein guter Mensch zu werden. Als ich einmal einen Vogel nicht vor einer Katze retten konnte, litt ich wochenlang unter Albträumen. Ich fürchtete, diese Nicht-Tat würde mich um mein Glück und Seelenheil bringen.

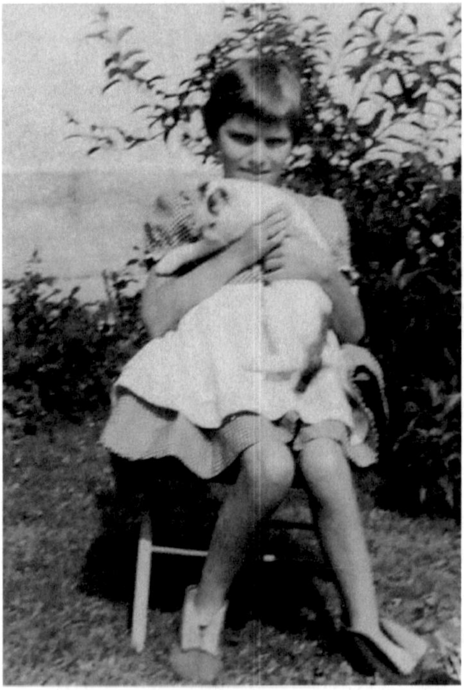

Ferien bei Tante Tekla im Gebirge

Im Sommer fuhr ich einmal in den Ferien zu meiner Tante Tekla, einer Schwester meiner Oma, ins Gebirge. Dort lernte ich das Radfahren. War ich stolz! Wieder daheim fuhr ich nun mit dem alten Rad meiner Oma umher. Das Peterle setzte ich dabei einmal auf den Rücksitz, aber seine Ferse kam in die Speichen. Er war nicht schwer verletzt und ich hatte das nicht gewollt. Oma tat, als hätte ich ihn umgebracht. Die Wunde heilte wieder. Ich aber konnte von da an nicht mehr Rad fahren.

Opa, der ja nie richtig gesund war, wurde nun richtig krank. In meinem zwölften Lebensjahr starb er. Meine Welt stürzte ein, mein Papa, mein Freund, mein Beschützer. Wie konnte er gehen und mich allein zurücklassen? Wie konnte es geschehn, das er in der Grube lag und dich davor stand? Nie mehr sollten wir singen: „Trink, Brüderlein, trink. Lass doch die Sorgen zu Haus. Meide den Kummer und meide den Schmerz, dann ist das Leben ein Scherz." Nie mehr würde er am Fenster sitzen und auf mich warten. Nie mehr konnte er mir hinter Omas Rücken ein Eis kaufen. Das durfte er nicht, denn ich bekam immer schreckliches Bauchweh davon. Oma musste dann Bauchwickel machen und Opa gehörig ausschimpfen. Nie mehr konnte ich ihm in seinen schweren Wintermantel helfen, wobei ich auf den Stuhl steigen musste und wir uns halb tot lachten weil der Mantel so schwer war das ich ihn kaum heben konnte. Ich zerfleischte mich in Gedanken. Ich hatte ihn im Stich gelassen. Alle waren bei ihm gewesen als er starb nur ich nicht. Ich die ihm doch die Wichtigste war. Wie oft hatte er mir angedroht, wenn ich weiterhin so frech wäre dann würde ich am Nachmittag nichts von seiner Brotzeit erhalten. Nie mehr in meinem Leben würde ich so sicher wissen dass er lieber selber nichts gegessen hätte als mich Hungern zu sehen. Kichernd war ich auf seinem Schoß geritten und an seiner Hand in die

Stadt gegangen. Immer war er für mich da gewesen und nun war er allein in seinem Bett gestorben und ich war nicht da. Alle weinten, seine Kinder und Schwiegerkinder, die ihn nur wenig besucht hatten. Ich hasste sie. Was hatten sie zu weinen? Ich war die Trauernde! Aber mich schoben sie zur Seite. Emma sagte gar das ich schuld sein an seinem Tod weil ich immer so frech war. Wenn im Friedhof, in unserer Nachbarschaft, eine Beerdigung stattfand schaute er immer aus dem Speicherfenster unterm Dach. Wenn ich nun durch den Friedhof von der Schule heimging schaute ich immer zu dem Fenster auf, aber er schaute nicht mehr herunter. Er wartete nicht mehr auf mich. Ich war allein. Opa, Opa, lieber Opa, weißt du noch?

Weihnachten hatten wir immer einen sehr kleinen Christbaum auf der Kommode stehen. Ein Rauschgoldengel krönte ihn, auf den Oma sehr stolz war. Nachdem alle Kerzen an dem Bäumchen gelöscht waren und der Heilige Abend beendet war, ging Oma ins Schlafzimmer um unsere tagsüber mit einer Tagesdecke abgedeckten Betten, für die Nacht zu richten. Ich stiftete Opa an, den Baum noch einmal anzuzünden. Ich weiß nicht, wie es kam, der Baum fing Feuer. Es ist nichts Großartiges passiert, aber der Engel war kaputt. Oh weh, wir zwei Sünder schlichen geduckt ins Bett. Das hat sie uns lange nicht verziehen. Opa verzieh sie ohnehin schwer etwas. Das ist auch verständlich, denn er hat bis zu seiner Sterbestunde nicht von seiner Geliebten gelassen. Dass die auch noch auf seine Beerdigung ging und eine Schaufel Erde auf seinen Sarg warf, war für Oma das Schlimmste, was ihr passieren konnte. Ich glaube, am liebsten hätte sie sich auf die Frau gestürzt und sie grün und blau geschlagen und ihn gleich mit.

Jawohl, Oma war die wirklich böse! Und ich musste nun mit ihr leben allein ohne seine Hilfe. Ich hasste sie. Die schaute doch nur den Peter an, den zog sie in der Nacht an ihr Herz, mich brauchte sie nicht.

Warum nur starb ich nicht? Opa warum kommst du nicht und holst mich. Es würde keinem auffallen. Alle wären froh wenn ich nicht mehr da wäre. Stand ich doch jedem nur im Weg. Opa bitte, bitte komm und hohl mich! Aber nein; ich schlief abends ein und wachte morgens wieder auf. Wachte immer wieder auf, ob ich wollte oder nicht. Ach wenn ich doch einmal nicht aufgewacht wäre.

Dann heiratete Emma und Peterle nahm sie mit. Oma war untröstlich. Nun, so glaube ich, war sie doch recht froh, dass sie mich hatte. Ich war zwar nur da, damit sie Sorgen hatte, aber immerhin war ich da. Jeden Abend beteten wir laut, dass es Peterle nur ja recht gut gehen möge. Sonderbarer Weise fehlte mir der Kerl. So sehr ich ihn immer *weg gewünscht hatte so sehr fehlte er mir. Er war doch ein lieber kleiner Kerl gewesen, jetzt erst erkannte ich es.*

Freilich hatte er mir immer was kaputt gemacht, hatte mich geärgert, aber er hatte sich auch gefreut wenn er mich sah. Oma weinte und ich weinte mit. Irgendwie verband uns das. Das Verhältnis zwischen uns wurde besser und besser.

Ich wuchs heran, mein linkes Bein wuchs langsamer und war am Ende sieben Zentimeter kürzer als das rechte. Dazu war es viel dünner, auch die Hüfte war kleiner und der Popo.

Dr. Schwenkert hielt Wort, in meinem vierzehnten Lebensjahr operierte er mich. Das gelähmte Sprunggelenk, das den Vorderfuß nicht halten konnte, wurde versteift. Ich konnte wirklich besser gehen, aber ich sollte orthopädische Schuhe tragen. Die Schuster aber fertigten Schuhe für alte Kriegsinvaliden. Schwarz und ohne Form. Klumpige, hässliche Schuhe, nie im Leben würde ich solche Schuhe anziehen. Ich wollte, dass Oma mir schöne Schuhe kaufte, und das tat sie auch. Auch wenn ich mit den schönen Schuhen nicht so gut gehen konnte, so war es doch mit ihnen viel besser als mit den scheußlichen orthopädischen.

Ein Jahr nach Opas Tod zogen wir um. In eine wunderschöne, neue Zwei-Zimmer-Wohnung mit Balkon! Wie war Oma stolz! Und wir kauften uns einen Fernsehapparat. Nun saßen wir oft am Abend vor dem Kasten und schauten. Ich durfte immer das Programm auswählen. Oma saß in ihrem Stuhl und schlief ein. Wenn der Film aus war und ich sagte: „Mama, komm gehen wir ins Bett“, riss sie mit einem Seufzer die Augen auf und sagte: „Mei, war des a Schmarrn.“

Mein altes braunes Bett hatten wir nicht mit umgezogen, wir schliefen im Ehebett. Einmal hatte ich ein lebensgroßes Winnetou-Bild zusammengeklebt und im Schlafzimmer aufgehängt. Sie war einverstanden gewesen. In der Nacht aber wurde ich wach von ihrem Schreckensgeschrei. Sie war aufgewacht, hatte das Bild gesehen und gedacht, ein Mann stünde im Zimmer. Nach dieser einen Nacht musste Winnetou wieder abziehen, ich bedauerte es sehr.

Nun ging es darum, was für einen Beruf ich lernen sollte. Ich war eine mittelmäßige Schülerin. Das heißt, eigentlich weiß ich gar nicht, was ich für eine Schülerin war, den ich galt immer als dumm. Behindert hieß ja dumm. Ich kann mich zwar nicht erinnern, dass ich jemals viel gelernt hätte. Dennoch hatte ich nie schlechtere Noten als zwei oder drei. Aber ich glaubte selber fest daran, dass ich dumm sei. Für mich war klar, und die Klosterfrauen die meine Lehrerinnen war bestätigten dies: aus mir konnte nichts Gescheites werden. Was gab *es aber auch für Hinweise auf diese meine misslingende Zukunft: Den Schulpack hatte ich nie ordentlich eingeräumt: also für eine Hausfrau waren das schlechte Vorzeichen. Wie sollte der Haushalt einmal ausschauen, wenn schon der kleine Pack so unordentlich war. Nicht immer frischgewaschene Haare, also wirklich. Nicht wirklich sorgfältige Hausaufgaben und vor allem fast kein Kirchenbesuch.*

Dass ich eine glühende Gläubige war und Gott mindestens genauso verehrte wie die Frauen im Kloster, das galt nicht.

Einzig der Besuch der Messe war der Gradmesser und da ging ich nicht gerne hin, war immer so langweilig dort. Mein Glaube dagegen war bunt und freudig. Die Engel die an meiner Seite waren, waren bunt und lustig und Gott war fest in meinem Leben, so fest und zuverlässig wie Opa war. Aus diesem Glauben heraus, das ich mir das Himmelreich verdienen könnte indem ich den Menschen diene, wollte ich gerne einen Beruf, in dem ich dienen könnte. Denn die Welt erschien mir dunkel, die Freuden waren wenig und die Angst vor dem Verlust eines geliebten Menschen war groß; aber das Himmelreich war schön. Alle würden dort sein und ich würde sie wiedersehen, den Vogel den ich nicht retten konnte, den Nachbarn der verstoben war und meinen Opa.

Meinen geliebten Papa, den ich immer noch so sehr vermisste. Krankenschwester erschien mir dazu der geeignete Beruf. Keiner sagte: „Schau, Kind, das kannst du nicht lernen, denn es ist ein körperlich sehr anstrengender Beruf“, nein, alle schauten mich an, wie man eben einen Deppen anschaut, und wandten sich ab. Eine Antwort war überflüssig. Was soll nun aber ein behindertes und dummes Mädchen lernen? Auf Anraten des Berufsberaters gab mich Oma nach München in eine Schule für Körperbehinderte. Da wollte ich nicht hin. Mit meiner Freundin wollte ich in den Wald ziehen und Bücher schreiben. Wir würden ganz weit weg von allen Menschen wohnen und nur einmal im Monat einkaufen gehen. Aber meine Freundin war auf Weltreise gegangen und ich ging nach München.

Ich, die immer mit Oma allein gelebt hatte, wohnte nun in einem Vier-Bett-Zimmer. Alles war straff organisiert, ich kam damit nicht zurecht. Und eines stimmte, ich konnte nicht denken. Es war mir nicht möglich, mich aufs Lernen zu konzentrieren. Ich war immer traurig, sehr ernst und in mich gekehrt. Es war, als würde es zwischen meiner Innenwelt und der Außenwelt keine Verbindung geben. So sehr war ich es gewohnt, in mir zu leben, dass ich die Verbindung nach außen nur in Geschichten herstellen konnte.

Geschichten konnte ich erzählen und verstand sofort ihre Seele. Aber wenn ich klar denken sollte, etwa beim Rechnen oder bei Englisch, dann schob sich ein Nebel vor mein Gehirn, der mit jedem Misserfolg dicker wurde. Ich glaubte es selber, ich war dumm. Ich begann mich vor allem, besonders vor dem Spott der Lehrer, zu fürchten und wurde gleichzeitig frech. Keinen wollte ich mehr an mich heranlassen. Einmal schickten sie mich zu einer Psychologin, die redete geschult mit mir und fragte, warum ich denn nicht lernen wolle. Es wäre doch so einfach, die Hausaufgaben zu machen und dann etwas zu können. Ich antwortete: „Ich weiß nicht, warum ich nicht lerne, ich bin wohl faul und an meiner Situation selber schuld.“ Sie stimmte mir zu. Ein zweites Gespräch fand nicht statt.

Lange habe ich mich gewundert, warum diese Schule, die dem Krüppelheim angeschlossen war, sich nicht um mich gekümmert hat. Heute glaube ich, sie sahen nur das, was da war, und fragten nicht nach, wie es dazu gekommen war.

Das war die Zeit, in der sich dieser Schuldgedanke in mir festsetzte. War ich nicht schuld gewesen, dass Opa starb? War ich nicht schuld, dass Oma so viele Sorgen hatte?

Ich lernte nicht, das machte mich schuldig am schulischen Scheitern. Ich war auch schuld, dass ich hinkte. Ich hätte ja nur besser gedeihen brauchen, dann wäre ich stark gewesen und die Krankheit hätte keine Chance gehabt. Ganz sicher war ich auch daran schuld, dass meine Mutter mich hergegeben hatte. Wer will schon so ein dummes, hinkendes, freches, kleines Mädchen, das nur selten lacht und der Oma zur Last fällt. Ich nahm die Schuld auf mich und fortan war alles was geschah, die Folge meiner Schuld. Und das Schlimmste war, dass ich gewisslich einstens auch nicht in den Himmel kommen würde. Denn alles was dazu nötig war schaffte ich nicht. Ich wurde einfach kein guter Mensch, ich konnte machen was ich wollte.

Ein neues Thema betrat mein Leben: Geld. Geld sollte eine der großen Katastrophen meines Lebens werden. Oma hatte nie mit mir über Geld geredet. Wir hatten keins, aus. Ich sagte es schon: Oma war eine gute Wirtschafterin und sie kümmerte sich um alles.

Nie hatte ich bis hierher Geld in den Händen gehalten. Oma erledigte alles. Ich konnte mich ja hundertprozentig auf sie verlassen.

Warum hätte es anders sein sollen? Nachdem sie nicht mehr da war, hatte ich überhaupt kein Gefühl dafür, was ich mir leisten konnte und was nicht. Ich freute mich wenn ich Geld in der Hand hatte und gab es sofort wieder aus. Hatte ich keines war ich traurig, hatte ich eins freute ich mich und gab es aus, wodurch ich natürlich wieder keins hatte und traurig war. Der Kreislauf glich dem Trinkerkreislauf meines Vaters. Die Katze biß sich in den Schwanz und kreiselte. Bald gab ich auch aus was ich nicht hatte, ich machte Schulden.

Kleine Summen nur bei meinen Freundinnen, dennoch: Ich hatte Schulden – wie ich Schuld hatte. War ja logisch! Wer Schuld hat, hat Schulden. Wer faul ist – ist faul. Wer dumm ist – ist dumm. Das meißelte sich in meine Seele, alle schienen mir besser und tüchtiger zu sein als ich es je sein könnte.

Nach einem Jahr verließ ich die Schule erfolglos, was meinen Unwert und meine Schuld bestätigte. Ich war eben zu nichts zu gebrauchen. Ich ging heim zu Oma, sonst hatte ich niemanden und ich glaube, sie freute sich auch, dass ich wieder da war. War sie doch auch recht allein gewesen. Aber ich musste ja etwas lernen und zur Arbeit gehen. Da beschloss sie, ich müsse in der Fabrik, in der mein Vater arbeitete, das Nähen lernen. So kam ich in die Industrieschneider-Lehre. Elf Mädchen und zwei Buben begannen am ersten September 1968 an der Nähmaschine zu üben. Meine Zeit war das schwierig, die Maschine stichgenau anzuhalten.

Wir übten auf Papier und sollten erst zwanzig Stiche machen und dann bremsen. Ratsch – das Papier war bis unten durchgerast. Es dauerte Stunden bis es auch die Letzte konnte: ein Stich – Schluss. Aber dann gelang es und das kann jede bis heute, wenn die Nähmaschine noch so modern ist. Ein Stich – Schluss! Erstaunlicherweise fiel mir das Lernen in der Berufsschule nun sehr leicht und ich hatte sehr gute Noten. Ich war beliebt bei den Lehrern und auch bei meinen Mitschülern. Aber dieses kleine Glück dauerte leider nicht lange.

Weihnachten 1968 kam ich abends von der Arbeit nach Hause. Meine Oma war nicht da. Das war sehr ungewöhnlich, hatten wir doch eine sehr gute Zeit in diesem Jahr miteinander. Wenn ich heimkam, wartete sie schon mit dem Essen auf mich und trug mein Minirad, das einzige Rad, mit dem ich mich zu fahren traute, in den Keller. Wo nur konnte sie sein? Sie hatte einen Freund, nachdem Opa zwei Jahre tot war, verliebte sie sich wieder. Ich fand das einfach wunderbar. Der Freund war ein sehr lieber alter Mann, der mich mit hineinnahm in seine Liebe zu Oma. Was hatten wir zu dritt für eine gute Zeit. Aber wenn sie bei ihm wäre, hätte sie es mir gesagt. Eine Nachbarin öffnete ihre Türe und sagte: „Die Oma ist im Krankenhaus." Ich ließ alles liegen und stehen und lief durch die Stadt, den ganzen langen

Weg bis ins Krankenhaus, hoch auf dem Berg gelegen. Sie lag so blass und alt in den Kissen. Ich erschrak bis ins Herz. Nein, lieber Gott, was konnte das sein, doch hoffentlich nichts Ernstes? Ein Arzt begegnete mir auf der Treppe. Hat sie Krebs, fragte ich voller Angst. Er schüttelte den Kopf. Beim Heimgehen machte ich den Umweg über die Kirche. Hier hatte ich meine erste Kommunion bekommen, meine Firmung, hier war mein Gott. Er würde mich nicht im Stich lassen. Hilf, lieber Gott, hilf.

Sie war nicht lange im Krankenhaus, aber sie kam nicht gesund heim. Es war doch Krebs, sehr fortgeschritten, im Magen. Weihnachten kam, sie zog ihr hübsches blaues Kleid an und ihr Freund kam uns besuchen. Alles war so schön, so schön. Wir verstanden uns so gut. Wenn du alt genug bist, dann machst du den Führerschein, sagte sie oft. Dann fahren wir fort und schauen uns die Welt an, ja, das machen wir. Aber sie wurde immer dünner, musste oft erbrechen und wenn sie einkaufen ging, konnte sie den Weg nach Hause kaum bewältigen. Die Angst, die mir so bekannte Angst, zog wieder ein in mein Herz, umklammerte es mit Eisenbändern. Lieber Gott, bitte, bitte, tue mir das nicht an, nimm mir nicht meine Oma. Du hast doch schon den Opa, was soll denn aus mir werden? Jede Nacht wachte ich erschrocken auf und lauschte: Sie atmet nicht mehr, mein Herz stockte. Lange, viel zu lange, dann endlich ein Atemzug. Nein, lass sie leben, hilf mir. Ich betete und betete. Aber im Sommer kam sie wieder ins Krankenhaus. Jeden Tag ging ich sie besuchen, obwohl der Weg sehr weit war. Beim Heimgehen ging ich immer in die Kirche und ich flehte und weinte. Bitte lass sie nicht sterben. Eines Abends aber waren mein Onkel und ich im Krankenhaus. Sie öffnete die Augen in dem eingefallenen Gesicht und sagte: „Kaffee möchte ich gern." Kaffee hatte sie immer gerne getrunken. Wir fuhren heim und kochten eine Kanne voll. Mit großem Vergnügen trank sie ein Tasse. Es dauerte nur wenige Minuten, dann erbrach sie schwarzen Teer, mit schrecklichem Würgen und unter großen Schmerzen. Nein, das konnte nicht sein. Bitte Oma geh nicht, bitte Oma bleib da, reiß dich zusammen, was soll ich ohne dich? Bleib bei mir Oma, du bist doch noch jung und du hast einen Freund. Er braucht dich, ich brauch dich. Verlass uns nicht! Waren nicht die letzten Monate so voller Harmonie, wie nie in meinem Leben? Das konnte doch unmöglich schon wieder zu Ende sein. Oma, bitte, wo soll ich denn leben, wenn du nicht mehr da bist? Erinnerst du dich, wie unrecht du mir getan hast, als ich deinen Ring, den du dir zu Weihnachten gekauft hast anzog? Du hast mich angeschrien, ob ich mir wünschte, dass du nicht mehr da bist. Nein Oma, nie im Leben hab ich mir gewünscht, dass du nicht mehr da bist. Außer dir hab ich ja niemanden auf dieser Welt. Da würgt sie wieder so schwer, so weh; oh nein, so leiden, nein, so leiden brauchst du auch nicht. Ich will nicht, dass du so leidest. Ich will, dass du lebst und lachst und auf deinen Freund wartest und dass wir uns ein Auto kaufen und durch die Welt fahren. Ich will, dass du da bist, wenn ich abends heimkomme. Dass du mir eine Nudelsuppe kochst und dass du lachst und mich fragst wie mein Tag so war. Beim Heimgehen ging ich wieder in die Kirche, kniete mich in die erste Bank und sagte: „Lieber Gott, ich weiß nicht warum es so ist und warum du mir meine Oma nimmst, aber wenn sie so leiden muss, das will ich nicht. Du kannst sie holen." Zwei Tage später ist sie gestorben.

Mein Onkel und meine Tante nahmen mir den Schlüssel zu unserer Wohnung ab, denn sie waren ja die Erben. Es war ihnen immer ein Dorn im Auge gewesen, dass ich bei Oma lebte. Vielleicht hatten sie Angst, wegen mir zu wenig von dem Nichts, das an Geld da war, zu bekommen. Sie gaben mir meine Kleider, meine Kleinodien, warfen sie weg. Ich aber musste nun nach Hausen zu Mutter. Die immerwährende Drohung war wahr geworden. Brauchst bloß nach Hausen zu gehen, wenn dir was nicht passt! Niemals hatte ich nach Hausen gehen wollen, aber nun musste ich. Ich hatte im Laufe der Jahre fünf Geschwister bekommen, die ich so gut wie überhaupt nicht kannte. Nun sollte ich mit ihnen leben.

Es gab auf der weiten Welt keinen, der mich je gefragt hätte, wie es mir ging und der sich für die Antwort interessiert hätte. Es war, wie es mein ganzes Leben war, ob ich lebte oder starb, es war völlig egal.

Oma und ich hatten immer sehr sparsam gelebt und auch darauf geachtet, dass ich nicht dick wurde, denn das war nicht gut für meine Beine. Bei Mutter aber gab es ganz andere Kost. Sie schmeckte mir, alles war so ungewohnt. Beim ersten Abendessen gab es Wurstsemmeln, so was hatte ich noch nie gesehen. Begeistert holte ich mir aus einem riesigen Einmachglas eine große Essiggurke. Essiggurken waren mir schon immer lieber gewesen als die beste Torte. Da sagte meine Mutter mit bissigem Spott: „Die allergrößte nimmt sie sich." Erschrocken ließ ich die Gurke fallen und angelte nach einer kleineren, da kam es wieder: „Hättest sie schon nehmen dürfen."

Drei Jahre lebte ich bei Mutter, drei Jahre lebte ich in der Hölle. Ich versuchte alles. Ich erniedrigte mich, war freundlich, half im Haushalt, stellte mich dumm, weinte, es war egal.

Hatte sie mit meinen Geschwistern Ärger, ließ sie ihn an mir aus. Sie wurde nie laut, oh nein, sie redete nicht, eisiges Schweigen war der Ton ihres

Zorns. Dieses Schweigen war das Schlimmste und ich ging daran fast zu Grunde.

Sechzehn Jahre war ich alt, diese wenigen Jahre war ich humpelnd gegangen hatte meinen Opa und meine Oma begraben, war an der fortbildenden Schule gescheitert und ging allmorgendlich zu einer Arbeit die ich verachtete und wenn ich heimkam war Schweigen und Ungerechtigkeit. Für Mutter war ich nicht da. Für sie war ich war einfach nicht da, es gab mich nicht. Ich war am Ende. Warum um Himmelswillen wachte ich immer wieder auf, warum, Gott der du mich angeblich liebst, warum holst du mich nicht? Nein, ich war und blieb da, ich atmete, ich ging, ich lachte und weinte, ich war da. Ich wollte nicht übersehen werden. Ich bekam Ohnmachten, fiel einfach um. Sie ließ mich liegen, bis ich wieder aufwachte, nie suchte sie mit mir einen Arzt auf, es war ihr egal.

Eine ihrer häufigsten Reden, die sie bis ins hohe Alter beibehielt war: „Ich würde nie ein Kind hergeben." Jedes Mal nach diesem Satz stand ich da wie ein begossener Pudel. Wer war denn ich, wer hatte denn mich hergegeben? Der Vater sollte schuld sein, er wollte dass ich zu Oma kam. Er der nie etwas entschied, der lebte und arbeitete und trank, er sollte das entschieden haben? Das konnte ich nicht glauben.

Heute aber denke ich anders darüber, weiß ich doch nur zu gut das es Situationen gibt in denen nicht nach dem eigenen Herzen entschieden wird. Auch ich tat später Dinge, die ich heute bitterlich bereue, genau wie sie, nur um meine Ehe zu retten. Denn solange die Ehe besteht, gibt es die Hoffnung. Die Hoffnung, dass doch noch alles gut wird.

Obwohl sich keiner vorstellen kann wie das gehen soll. Besonders gerne las sie Dreigroschenromane. Wie konnte sie weinen über das schwere Schicksal der Kinder, das da erzählt wurde.

Dass ich in der Wirklichkeit das geschriebene Schicksal erlebte, bemerkte sie nicht. Während eines Gespräches sagte sie: „Ist ganz gut, dass du Kinderlähmung bekommen hast, sonst hätt dich die Oma bloß „zam doggerlt„ (wie eine Puppe gekleidet)" .

So konnte es nicht weiter gehen, ich wollte ausziehen. Wieder war da die Frage: „Wo soll ich hin?" Dazu kam, dass ich von meiner Oma nichts fürs Leben gelernt hatte. Sie hatte alles gemacht. Hatte sich um den Haushalt gekümmert, ging einkaufen, verwaltete mein Konto. Sie musste sehr sparsam leben, einen Staubsauger konnte sie sich nur auf Ratenzahlung kaufen. Niemals aber hat sie mit mir über ihre Sorgen geredet. Ich hatte nie Geld in der Hand. Wenn ich etwas brauchte, ging ich zu ihr. Ich war zu ihr als Neugeborenes gekommen. Ich war zwar größer geworden, aber fast so lebensuntüchtig wie ein Neugeborenes geblieben. Dazu kam, dass ich großzügig verschenkte und mit Geld umging, als hätte ich daheim einen Goldesel. Wohl wollte ich ausziehen, aber es war mir ein Rätsel, wie ich das schaffen sollte.

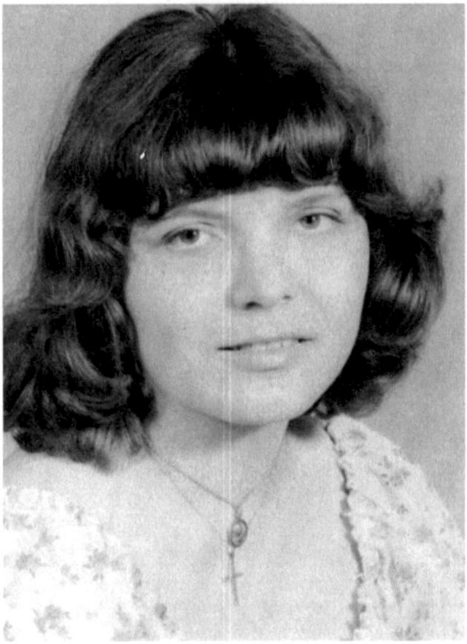

Anlässlich des zwanzigsten Geburtstages zum Fotografen

Da lernte ich einen Jungen kennen. Ich war verliebt, endlich wurde ich gesehen. Ich zog aus, nach Hut, in ein möbliertes Ein-Zimmer-Appartement und arbeitete in einer Schneiderei.

Am Freitag gab es den Lohn bar auf die Hand, am Samstag hatte ich alles bis auf den letzten Pfennig ausgegeben. Erst am ersten des Monats, wenn meine Vermieterin kam, erinnerte ich mich daran das ich ja Miete zahlen musste. Nun ich überzog mein Konto, war ja eigentlich recht einfach. Aber es machte mir zu schaffen, ich erkannte dass ich so nicht weiter-leben konnte, aber ich konnte es auch nicht ändern. Einmal schrieb ich meinem Bruder dass ich ihn gerne besuchen würde und nannte die genaue Uhrzeit wann der Zug ankäme, er würde mich abholen. Eine Stunde vor Abfahrt des Zuges hatte ich auch den letzten Pfennig ausgegeben und musste daheim bleiben. Da ich kein Telefon hatte konnte ich ihm nicht absagen, er fuhr zum Bahnhof an dem ich nicht ankam, das hat er mir lange nicht verziehen. Ich aber saß daheim und weinte, ich kam nicht zurecht, was sollte aus mir nur werden? Mein Freund kam zu Besuch und ging wieder, ich war allein.

Vier Jahre brauchte ich bis ich begriff, dass er immer nur des Nachts kam und sich tagsüber mit mir schämte. Dann endlich, schickte ich ihn in die Wüste. Er weinte Rotz und Wasser. War ich doch so eine praktische Einrichtung gewesen. Juckte es ihn, dann kam er. Ich freute mich, war froh, dass er da war und malte mir aus, wie es sein würde, wenn wir einmal verheiratet wären. Ich blendete die Wirklichkeit vollkommen aus und träumte mir eine Welt, die nie existiert hatte und auch nie existieren würde. Zu meinem Glück war er sehr darauf bedacht, kein Kind zu bekommen, denn ich wäre blind und taub auch in diese Gefahr gelaufen. Endlich also sagte ich ihm, dass er verschwinden sollte. Das war eine mutige Handlung. Aber eins war mir klar geworden, er würde wieder alles Träumen nicht zu mir stehen. Wir würden nicht heiraten und es würde niemals eine glückliche Ehe mit ihm geben. War mir das doch mein Hauptwunsch: Heiraten. Nie hatte ich etwas anderes gehört, als dass ich niemals einen Mann bekommen würde, denn wer heiratet schon einen Krüppel.

Eine der stolzesten Erzählungen meiner Tante Resi, einer Schwester meiner Oma, war: „Als mich der Vater meines Kindes heiraten wollte, hat ihn mein Vater zur Seite genommen und zu ihm gesagt: also von der Heirat da siehst du ab, jeder Mann will eine gesunde Frau.“ Und dabei hatte Tante Resi nur eine verkrüppelte Hand. Und ich, ich hatte ein viel zu kurzes, viel zu dünnes Bein und eine Hüfte, die nicht einmal zur Hälfte mitgewachsen war. Ja, ich hatte ein wunderschönes Gesicht, aber jeder, der mich sah, betonte: „Wäre das ein schönes Mädchen“. Ja, wäre, wäre. Wenn der Hund net g´schissen hätt, hätt er den Hasen erwischt. Aber der Hund hat g´schissen, und ich hinkte. Pech gehabt, das Leben ist so. Ach, und du gehst ja so gut damit um. Ich bewundere dich, dir macht das doch gar nichts aus. Und überhaupt, wenn man dich kennt, dann merkt man es ja kaum. Als eine Kollegin einmal erzählte, dass sie, achtzehnjährig, noch keinen geküsst hatte, sagte ich, dass das ja wohl nicht so schlimm sei. Viele, auch ich, hätten noch keinen geküsst. Da sagte gleich eine andere: „Ja, bei dir, da ist es ja klar." Natürlich ist es klar, denn mein Mund kann nicht küssen und mein Herz ist gefühllos, denn ich habe ja ein gelähmtes Bein. Und wenn eine ein gelähmtes Bein hat, dann hat sie gar keine Lust und auch keine Sehnsucht.

Vor allem aber: ein Mann, ein richtiger Mann, der will nur eine mit geraden Beinen, eine, mit der er angeben kann. Ein richtiger Mann also, der will kein Hinkebein. Scheißblödes Gerede. Es fraß sich in mein Herz, tief hinein. Es tat weh, es tat so weh, dass ich daran zu ersticken drohte.

Das wurde meine vordringlichste Aufgabe – einen Mann finden und es all diesen Schandmäulern beweisen. Ich würde einen Mann kriegen. Und ich fand einen Mann! Sie rissen die Augen auf, wenn sie uns sahen, denn er war so schön, eine Augenweide. Schwarze Locken, eisblaue Augen und rote Apfelbäckchen. Ich nahm ihn an mein Herz und sein Leben war fortan mein Leben und meine

Aufgabe war es, ihm alles recht zu machen und ihn zu behüten wie ein kleines Kind.

Sechs Wochen nachdem wir uns kennengelernt hatten zog er bei mir ein. Ich war glücklich.

Alles war mir unwichtig und konnte meinetwegen verloren gehen, alles außer dem Mann. Er war meine große Liebe. Ich tat alles, was ich nur dachte, dass es gut für ihn war. Er war gerade durchs Abitur gefallen und sollte zur Bundeswehr. Ich war entsetzt, wollte er wirklich den Krieg lernen?

Nein, wollte er nicht, also betrieben wir, betrieb ich, dass er noch mal zur Schule ging und nicht zur Bundeswehr musste. Er wollte nicht wirklich arbeiten und so redete ich ihm zu, doch zu studieren. Das gefiel ihm und er tat es. Es ist mir nicht aufgefallen, dass er sich nie einbrachte, dass er nie einen Vorschlag machte. Ich war so verliebt, alles was er tat, war ein Wunder für mich. Nun schauten sie alle, wenn sie uns sahen und ich hatte einen Mann. Eine Arbeitskollegin aber meinte: „Mach dir doch keine Illusion, der nützt dich aus, bis er studiert hat, dann sucht er sich eine andere." Da wollte ich heiraten. Er sollte bei mir bleiben, solange ich lebte. Er sagte nicht ja und nicht nein. Ich ließ nicht locker, ich wollte Gewissheit. Nie wollte ich ihn verlieren, ihn der mir Ansehen gab. War ich doch mit einem mal eine viel gewichtigere

Person, mit einem Mann an meiner Seite. Wir haben geheiratet, vier Jahre nachdem er bei mir eingezogen war. Ich hatte natürlich alles vorbereitet, ja, ich hatte mir meinen Brautstrauß selber gekauft. Er sagte nicht nein, er ließ alles geschehen. Vor dem Standesbeamten sagte er laut und deutlich „Ja“. Zwei befreundete Paare fungierten als unsere Trauzeugen und wir feierten diesen großartigen Akt mit einem wunderbaren Essen in einem teueren Gasthof. Es war Januar und im selben Monat des Jahres 1980 machte ich auch meinen Führerschein. Niemals die ganzen sechsundzwanzig Jahre meines vergangenen Lebens war ich so glücklich gewesen. Es schien, als wäre ich am Ziel meiner Sehnsüchte angekommen.

Zu dieser Zeit lernte ich die Hymnen des einfachen Lebens kennen, das Leben als Aussteiger, Biobauern, gesunde Ernährung nach Dr. Brucker. Sich selbst versorgen, nur einfach essen und kleiden, kein Benzin verbrauchen, Brot selber backen, ich war begeistert. Nie wollte ich etwas besitzen, wer nichts besitzt, kann nichts verlieren. Ich träumte von einem Häuschen auf dem Land und davon, uns selber zu versorgen und ich fand das Haus und wir zogen ins Rottal. Ein kleines Haus am Waldrand das mich vollkommen verändern sollte. Es war eine der besten Entscheidungen meines Lebens. Ich legte einen Garten an und baute Gemüse an. Mein Mann studierte. Wir fuhren alles mit dem Rad, es war ein Traum. Der Sommer glühte und mein Herz glühte auch.

Unsere Vermieterin, eine Bäuerin, fragte mehrmals, ob wir schon Holz für den Winter hätten. Ach, der Winter war weit und wir würden schon noch Holz bekommen. Als der Winter kam, hatten wir kein einziges Scheit und es wurde bitter kalt.

Mein Mann nahm niemals ein Ding in die Hand. Wenn ich wollte, dass wir Holz haben, dann musste ich mich kümmern. Wenn ich etwas zu essen wollte, war es meine Aufgabe, dafür zu sorgen. Nicht nur für mich, selbstverständlich auch für ihn.

Ich hatte keinen Partner, ich hatte ein Kleinkind geheiratet. Aber es machte mir nichts aus, noch nicht. Ich liebte ihn und ich kochte für ihn, machte mich schön. Er aß sich an mir und an meinem Tisch satt. Ich hatte aufgehört, in der Schneiderei zu arbeiten, denn ich war oft so kraftlos und von einer unbezwingbaren Müdigkeit. Dieses jedoch schrieben ich und meine Umwelt meiner Faulheit zu. Oft schämte ich mich darüber, aber ich konnte nicht mehr den ganzen Tag arbeiten, ich schaffte es nicht. Wenn ich frei nach meiner Kraft arbeiten und ruhen konnte, dann ging es mir gut. Aber frühmorgens aufstehen und acht Stunden an der Nähmaschine zu arbeiten, erschöpften mich zu

Tode. Leider wusste ich damals noch nicht, dass die Erschöpfung das Bild der Polio ist. Ich glaube, das wusste damals auch kein Arzt. Diese unendliche Erschöpfung war eben nur mit selbsteingeteilter Arbeit zu umgehen. Dann konnte ich manche Tage arbeiten wie ein Bär, aber die darauffolgenden Tage lag ich krank im Bett.

Um diese Zeit fuhr ich einmal nach Burg zu einem Schülertreffen und eine meiner ehemaligen Mitschülerinnen fragte mich: „ich kann nicht verstehen, warum du nicht arbeiten gehst.“ Oh, wie schämte ich mich. Ja, da half nun nichts mehr. Ich war eben faul und es bestätigte sich immer wieder, was mir schon als Kind prophezeit war: Ich taugte nichts und aus mir würde nie etwas werden.

Dass ich den Garten versorgte, dadurch Geld sparte, selber Brot backte, die Butter aus Bauernmilch rührte, nur sehr wenig kaufte, das galt auch in meinen Augen nichts. Es war in mir ein fester Satz: Ich kann nichts, ich tu nichts, ich bin dumm. Und weil ich es mit diesen Voraussetzungen zu nichts bringen würde, förderte ich so gut ich konnte meinen Mann, damit er einmal für sich und mich sorgen konnte. Und das konnte ich nun wunderbar, für ihn sorgen. Ihm die Wünsche von den Augen ablesen und sie alle erfüllen.

Dennoch, es stellten sich die ersten Geldsorgen ein. Einen Monat konnten wir mit Mühe nur die kleine Miete bezahlen. Was konnte ich tun? Er studierte mit Gelassenheit, die täglichen Probleme gingen ihn nichts an. Ich versuchte eine Arbeit zu finden, aber ich hatte kein Auto, das brauchte er für den Weg zur Uni. Dann viel er durch eine Prüfung und seine Schwester erwartete ein Kind. Er stellte sich an seine kleine Hobelbank und baute eine Wiege aus Holz, wunderschön. Das war unsere Chance, so ein Talent konnte doch genutzt werden. Ich begann die Wiegen zu verkaufen, sie kamen wunderbar gut an. Es kam ein wenig Geld ins Haus, es schien aufwärts zu gehen. Sonderbar fand ich nur dass ich so eine Leere in mir spürte, dass ich innerlich so sehr fror. Wieder wandte ich mich an Gott, er war immer da und er liebte mich. Ich entschuldigte mich dass ich ihn wieder einmal lange hatte warten lassen, aber er lachte nur und zog mich eng an sich. In dem nahen Ort gab es einen Bibelkreis und dem schloß ich mich an. Das war schön, gute Texte zu lesen, darüber nachzudenken und zu reden. Es wurde mein fester Leuchtpunkt in der Woche. Was aber sollte ich fürs Geld tun? Der Verkauf der Wiegen war ja nur ein Kleckerchen.

Wir hatten einmal etwas von einem Versandhaus gekauft und es nicht zahlen können, etwa zweihundert Mark. Die aber begannen nun zu wachsen, Mahngebühren, Zinsen bald waren es fast tausend Mark die wir schuldeten und wir konnten nicht zahlen. Mein Mann viel ein zweites Mal durch die Prüfung. Es war zum verzweifeln.

Da wurde ich schwanger. Als ich vom Arzt kam, erwartete ich, dass mein Mann sich freut. Hatte ich doch in all meinen Geschichten immer nur gelesen, dass Männer, auch wenn sie sich kein Kind wünschen, sich dann doch riesig freuen. Ich dachte jetzt würde er sich endlich aufmachen und sich eine Arbeit suchen und für seine kleine Familie sorgen. Würde das schön werden er würde zur Arbeit gehen und ich würde daheim das Kind und das Haus und den Garten versorgen. Ich würde Brot backen und Sonnenblumen an den Gartenzaun pflanzen. Die Sonne würde für uns nicht mehr untergehen. Unterwegs kaufte ich ein kleines Bilderbüchlein:

„Vom Vergnügen ein guter Vater zu sein“ und schrieb eine Liebeserklärung auf die erste Seite. Mein Mann schaute mich bei meiner Mitteilung an, drehte sich um und ging. Rums, eine Ohrfeige von solcher Gewalt hatte mich getroffen, dass ich nur mit Mühe auf den Beinen blieb. Was war das? Das konnte doch nicht wahr sein? Es lief mir eiskalt über den Rücken und zum ersten Mal dachte ich das mit der Liebe bei mir was nicht stimmen konnte. Nach Stunden kam er wieder aus seiner Werkstatt hervor, aber er sprach kein Wort über das Kind, nein er sprach über das Wetter und das der Nachbar sich einen neuen Bulldogg gekauft hatte. Ein Gedanke schlich sich ein, ob ich nicht gehen sollte? Aber sogleich wies ich ihn voller Schrecken von mir, oh nein, niemals. Dann wäre ich ja wieder niemand und wie sollte ich es schaffen ein kleines Kind alleine groß zu ziehen? Nein das war keine Möglichkeit ich versuchte es anders. Las ihm Geschichten und Gedichte vor, vom Leben mit Kindern, schenkte ihm noch mehr Bücher über das Glück, Vater zu werden. Er schlief ein wenn ich vorlas, in die Bücher warf er keinen Blick, er redete nicht darüber, ließ mich links liegen. Ich wusste nicht aus noch ein, legte die Hände auf meinen Bauch und weinte. Nach drei Wochen gab ich auf, fuhr in die Klinik und ließ mein kleines Kindchen abtreiben. Er fuhr mich schweigend zur Klinik. Viele schwere Tage und Stunden hatte ich schon erlebt, aber nie zuvor hatte ich solche Angst wie zu der Minute, als mich eine Schwester in den Operationssaal fuhr. Die Angst nahm mir den Atem, meine Glieder wurden eiskalt. Es war, als hörte mein Herz auf zu schlagen. Wäre ich nur von dem Bett herabgesprungen. Warum nur blieb ich liegen? Die Schwester fasste meine Hand und beruhigte mich. Ich blieb liegen.

Heute noch denke ich darüber nach, wie es so einfach gelingen konnte, dieses Kind wieder zurückzugeben. Ich selber wusste ja nicht, wie ich *es bewerkstelligen sollte. Da lernte ich eine Frau kennen, die wusste, an wen Frau sich wenden musste. Mir ist, als wäre sie nur in mein Leben getreten, um mit mir diese Abtreibung durchzuziehen, denn kaum war alles geschehen, verschwand sie wieder aus meinem Leben und ich habe sie nie wieder gesehen. Verzweifelt hoffte ich auf jemanden, der sagte: „Bekommen Sie ihr Kind, es gibt da und dort Hilfen, oder der mir einfach nur Mut zugesprochen hätte. Aber als ich voller Unsicherheit bei der Beratungsstelle anrief, sagte mir die Frau: „Da brauchen Sie sich nichts denken, ich habe schon dreimal abgetrieben. Das ist kein Problem“. Es war ja auch die Zeit, in der Frauen um ihre Rechte kämpften und sich offen zu ihren Abtreibungen bekannten. Ich glaube auch heute noch nicht, dass alle, die das sagen, wirklich so gut darüber hinwegkamen. So ein Kind ist Teil von dir, und wenn es auch vernünftig scheint, es nicht zu bekommen, ist es doch eine schwere seelische Belastung.*

Zu meiner Entlassung kam er, holte mich ab, tat voller Liebe und hielt mich fest. Das war definitiv der Zeitpunkt, an dem ich hätte gehen müssen. Dass ich blieb, war einer der allergrößten Fehler, die ich im Leben gemacht habe. Den habe ich mir lange nicht verziehen. Ich kam nicht über diese Abtreibung hinweg. Ich hatte eine Sünde begangen, die mich nun auch in der Anderswelt als unmöglich auswies.

Nun hatte ich hier und dort verloren. Ich konnte nicht bleiben und ich konnte nicht gehen. Ich lebte, ich kochte, ich pflanzte, ich schlief mit ihm, wenn er wollte, ich war tot. Ich wurde wieder schwanger, wieder das gleiche Spiel. Aber dieses Mal war Abtreibung kein Thema für mich. Am Tag vor Heiligabend 1983 lag ich auf der Couch und horchte in meinen Bauch. Leise bewegte sich etwas, wie ein Traum, ich streichelte über den Bauch. Kind, du kleines Kind, wie freue ich mich auf dich. Das Kindchen klopfte an und verstummte. Ich erschrak, was war das? Das konnte nicht wahr sein! Das Kind war gegangen. Nein, ich wollte es nicht glauben, das durfte nicht wahr sein. Aber am Tag darauf, am Heiligen Abend, kam ich ins Krankenhaus, mein Kind war gegangen, es wollte nicht bei mir bleiben. Das war meine Strafe! Für alle meine Sünden in diesem Leben. Warum nur hatte ich alles falsch gemacht. Ich war es nicht wert, geliebt zu werden. Ich war doch nur Abschaum. Nicht einmal ein Kind wollte zu mir kommen. Immer hatte ich gedacht, ich wäre ein guter Mensch, ich tat niemanden etwas, gab, wenn ich konnte. Half jedem, der mich brauchte, aber dennoch, es war zu wenig. So sehr ich geliebt werden wollte, es liebte mich keiner. Auch Gott liebte mich gar nicht. Das bildete ich mir nur ein.

Womöglich gab es Gott gar nicht und ich jagte nur einem Hirngespinst nach. Die Dunkelheit der Gottferne, die Einsamkeit der von allen guten Geistern Verlassenen tat sich vor mir auf. Ich, die so viel allein war, war dennoch noch nie so allein gewesen. Die Bibellesungen die mir so viel Freude gemacht hatten freuten mich nicht mehr.

Stand es nicht in der Bibel: „Du sollst nicht töten", ich aber hatte getötet, ich hatte alles verspielt.

Zur Nachuntersuchung ging ich zu einer jungen Ärztin, die meine Hausärztin vertrat. Die schaute mich verächtlich an und sagte: „Weinen brauchen Sie nicht, was wollen Sie eigentlich. Wer abtreibt, ist selber schuld". So war es. Wieder einmal führte mein Weg hinunter in die Finsternis, wieder einmal hatte ich die Folgen meines Unwertes zu tragen. Mein Mann aber war wie immer. Es war ja stets das gleiche Spiel. Sobald es ernst zu werden drohte und ich meine Koffer packen wollte, war mein Mann voller Aufmerksamkeit. So lange bis sicher war, dass ich bleiben würde, dann herrschte wieder Gleichgültigkeit.

Ich gab nicht auf, weder meine Ehe, noch meinen Kinderwunsch. Und der Himmel segnete mich, ich wurde wieder schwanger. Dieses Mal war es eine gute Schwangerschaft. Ich ließ mich nicht mehr aus der Ruhe bringen. Dieses Kind war mein Kind und es würde leben, egal was aus meiner Ehe wurde.

Ich würde ein Kind haben, mein Leben würde sich lohnen. Obwohl er auch dieses Mal so lebte, als wäre ich nicht schwanger, und kein Wort darüber verlor, wie es weitergehen sollte, war ich voller Vorfreude. Kein Gedanke, ob er vielleicht doch mal arbeiten gehen wollte, um für seine Familie zu sorgen. Oder doch zumindest einmal etwas in unsere Verbindung einbringen wollte.

Am 8. März 1984 kam sie zur Welt, meine Tochter Eva. Ein Mädchen mit geraden Beinen. Konnte es so viel Glück geben?

Schon im Krankenhaus zeigte sich, dass mein Mann vor Eifersucht fast verging. Am ersten Tag zu Hause saß ich im Wohnzimmer, das im oberen Stock lag. Er ging in die kleine Kammer, in der wir eine winzige Schreinerwerkstatt eingerichtet hatten und ließ sich Stundenlang nicht sehn. Immer hatte ich mir vorgestellt, dass wir gemeinsam an der Wiege sitzen würden und über dem Wunder eines Kindes zueinander finden würden. Er schaute weder das Kind noch mich an. Er fragte nicht, ob ich etwas brauche, er sah nicht die Schönheit des Mädchens. Nicht das Glück ihren geraden gesunden Beine. Zehnmal am Tage fragte er ob ich ihn auch wirklich mehr lieben würde als das Kind. Wieder war es Gott, mein geliebter Vater der mir half. Er war ja immer bei mir gewesen, mal stark spürbar, mal nur so schwach wie ein Nebelstreif *am fernen Horizont. Nun aber, unsere Bibelgruppe wandelte sich zu einer stark glaubenden charismatischen katholischen Gruppe, fand ich meinen Gott und meinen Glauben voller Kraft wieder und ich sagte wieder Vater zu ihm. Und er, mein Vater, freute sich, dass ich wieder da war. Er breitete seine Arme aus und ich stürzte mich hinein. Dort war ich geborgen, dort war ich glücklich. Und er schenkte mir die Kraft und die Zuversicht zum weiteren Leben. Er allein wies mir keine Schuld zu, er liebte mich.*

Eva, ein Tag alt

Ich stillte mein Kind. Das konnte mein Mann nicht ertragen, meine Brüste, mein Leib, meine Liebe sollten nur ihm gehören. Völlig verstört von all der Missachtung hörte ich mit sechs Wochen auf zu stillen, ein vollkommener Blödsinn, denn nun musste ich Nahrung kaufen und wir hatten kein Geld. Oft musste ich in der Apotheke das Geld für eine Dose Babynahrung schuldig bleiben. Eva war ganz blond und so brav, wie ein Neugeborenes nur sein konnte. Sie weinte nur selten. Wenn ich sie in meine Arme nahm und ihr kleines, weiches, wohlriechendes Körperchen an mich drückte, dann fühlte ich ein Glück, wie ich es noch nie erlebt hatte. In einem Dom hielt ich sie voller Vertrauen meinem Gott entgegen, in der sicheren Gewissheit, er würde dafür sorgen, dass alles gut werde. In jenem Winter, ihrem ersten auf dieser Welt, war es so kalt, dass im Schlafzimmer die Decke voller Eis war. Ich steckte die Kleine in einen Fellsack und legte sie zu mir ins Bett. Dennoch erfror sie sich fast die Händchen in der bitteren Kälte.

Das Kind war da, kein Auskommen in Sicht, ein Mann, der nicht im Entferntesten daran dachte, eine Arbeit anzunehmen. Ich fühlte mich an all dem schuldig. In gewisser Weise war ich das auch, ich hatte mir diesen Mann gesucht und wollte ihn unbedingt behalten. Die wahre Schuld, aber das erkenne ich erst heute, ist die, dass ich nicht für mich gesorgt habe, dass ich nicht mein Leben in meine Hände nahm und mich und mein Kind durchs Leben brachte. Es war auch keiner da, der einmal fragte, warum eigentlich mein Mann nicht zur Arbeit ging. Nein, mich fragten sie, warum ich faul zu Hause herumsäße und nichts täte. Ich war selbstverständlich schuld, dass die Schulden wuchsen. Ich war schuld, denn ich kaufte ein. Er tat ja nichts, wie kann jemand, der nichts tut, schuldig werden? Ich stellte diese Gedanken niemals in Frage. Denn ich hatte ja noch nie was getaugt.

Schon von den Nonnen in meiner Schule wurde mir unmissverständlich gesagt: „Aus dir wird nichts werden." Und sie hatten alle Recht, es wurde nichts aus mir. Oh ja, ich war Mutter, aber was ist das schon. Das wird schnell einmal eine. Wie heißt so ein alter blöder Spruch: „Ein Luder verkommt nicht, eher werden zwei daraus". Ich begann verstärkt die Wiegen zu verkaufen und das ließ sich immer besser an. Leider verstanden weder mein Mann noch ich zu kalkulieren und so kamen wir trotz Arbeit immer weiter in die Schulden. Mein Mann wollte sein Studium hin werfen, aber das konnte ich nicht zulassen, wie sollte er jemals Arbeit bekommen ohne Berufsausbildung. Ich fuhr zu seinem Professor. Wegen mir und dem Kind stimmte er zu, dass er die Prüfung ein drittes Mal machen konnte. Dieses Mal bestand er endlich. Aber nun konnte er nicht arbeiten, denn es hätte Lohnpfändungen gegeben und das hätte er nicht ertragen. Dass wir mit der Bank reden und Verträge aushandeln könnten, darauf ließ er sich nicht ein. Wenn ich allein zur Bank ging, wurde ich nicht ernst genommen. Aber was heißt das: er ließ sich nicht ein, es kam ja nie zu einem vernünftigen Gespräch, es wurde einfach nicht geredet. Wir redeten übers Wetter und über die Nachbarn, aber nie über Probleme. Bald redeten wir gar nicht mehr, da mich angesichts der riesigen Probleme weder das Wetter noch die Nachbarn interessierten. Nächtelang lag ich weinend neben ihm im Bett und überlegte, wie es weitergehen sollte. Er schlief, als wäre die Welt nicht im Wanken. Verzweifelt wünschte ich mir, dass er mich einmal in den Arm nähme und sagte. „Hi, keine Angst, wir schaffen das schon."

Dann wurde ich wieder schwanger. Ich war zwischen Freude und Verzweiflung. Für Eva freute ich mich, würde sie doch nicht allein aufwachsen müssen in diesem trostlosen Elternhaus. Aber ich wusste nicht, ob ich es schaffen würde. Wie gewohnt wurde kein Wort darüber verloren. Bei der Geburt meines ersten Sohnes erlitt ich während der Geburt einen Nervenzusammenbruch. Ich wünschte mir mitsamt dem Kind zu sterben. Aber nein, dann wäre Eva ja ganz allein, also strengte ich mich an. Und es war auch schön mit den beiden Kindern. Die kleinen Lustigkeiten, die ersten Worte, die zärtliche Liebe Evas für ihren Bruder, die Lieder, die ich ihnen zum Einschlafen sang, die Geschichten, die ich ihnen erzählte. Viel zu oft aber weinte ich mich mit ihnen in den Schlaf.

Wir hatten die Schreinerei ausgebaut. Sie war jetzt in einem geräumigen Schuppen, den wir auch heizen konnten. Ich sorgte für Aufträge, kaufte Holz, bestellte alles, was in der Werkstatt gebraucht wurde. Packte die Kinder in das Auto *und fuhr über Land die Kindermöbel aus. Sorgte dafür, dass Mittags pünktlich das Essen auf dem Tisch stand und am Nachmittag der Kaffee. Und ich dachte, die Kleinigkeit, dass er als Erster aufstand, um den Morgenkaffee zu kochen, hieße, dass er uns liebt. Wie oft musste ich lügen, weil er nicht zum versprochenen Termin fertig wurde. Wie oft kam der Gerichtsvollzieher, weil wir den Strom nicht zahlen konnten oder sonst irgendeine Rechnung. Wie oft stand ich morgens um zwei oder drei auf und fuhr Möbel aus, kam heim, versorgte die Kinder und das Haus. Stellte mittags pünktlich das Essen auf den Tisch.*

Als ich mir eine Hilfe im Haus einstellte, war er entsetzt. Für eine so untüchtige Frau muss Mann sich wirklich schämen. Da ich mich oft hinlegen musste um meine Kräfte wieder zu mobilisieren, war ich auch der Überzeugung, nicht genug zu tun.

In meinem Wahn, immer alles nach Recht und Gesetz zu machen, wollte ich unsere Schreinerei ordentlich anmelden und ich wollte, dass mein Mann die Meisterprüfung macht. Gesagt – getan, ich habe bei Entscheidungen nie lange gefackelt. Zum Übergang mussten wir einen Meister einstellen. Einen wirklich guten konnten wir uns nicht leisten. Aber den, den wir dann einstellten, den konnten wir uns erst recht nicht leisten. Denn kaum hatte er eine Woche gearbeitet, schon meldete er sich krank. Es war zum Verzweifeln und bald schon stellte ich ihn wieder aus. Aber nun ging er zum Anwalt und es gab Ärger über Ärger.

Am Mittag des 14. August 1986, einem Donnerstag, kam wieder ein Schreiben seines Anwaltes. Mein Sohn schlief schon seinen Mittagsschlaf, Eva saß noch am Tisch und aß Kaiserschmarren „Du gehst jetzt dann auch ein wenig ins Bett", sagte ich zu ihr und ging in die kleine Kammer, die ich als Büro nutzte. Eva hatte spät angefangen zu laufen, aber nun konnte sie es sehr gut. Am liebsten lief sie nackt durch die Gegend. Ich zog sie im Bad an, bis ich aber mit dem Baby fertig war, war sie schon auf dem Weg in den Garten.

Den Weg, den sie ging, konnte ich an ihren wieder ausgezogenen Kleidungstücken verfolgen.

Wenn sie Gelegenheit hatte, ging sie fort von daheim, auf Abenteuer aus, meistens nackig. Später sagten die Nachbarn, die haben sich nie um das Kind gekümmert, haben sie immer nackt herumlaufen lassen. Wie oft habe ich sie deswegen ausgeschimpft und es schien mir auch besser geworden zu sein. Sie blieb mehr zu Hause, was aber auch daran liegen mochte, dass wir darauf achteten, dass das Gartentor immer verschlossen war. An diesem Donnerstag aber hatten wir Holz geliefert bekommen und das Tor konnte für einige Stunden nicht geschlossen werden. Ich wollte unseren Anwalt anrufen und ging noch einmal in die Küche. Eva war nicht da. Ich rief meinen Mann, er solle nach ihr schauen, ich müsse schnell noch telefonieren. Während des Telefonats kam unser Hund ins Büro und legte sich sonderbar gedrückt unter den Schreibtisch. „Wo ist denn die Evi"? fragte ich den Hund. Überall wo ich hinschaute war sie nicht. Da rief ich beim Nachbarn an, wusste ich doch, dass sie sehr gerne dahin lief. Ich auch, ich ging auch gerne auf den Nachbarhof. Sie wolle schauen, sagte mir die Nachbarin. Keine zwei Minuten später rief sie wieder an und schrie ins Telefon: „Schnell den Notarzt, das Dirndl ist ertrunken." Ein Blitz traf mich, und mein Todesschrei sammelte sich in meiner Brust und löste sich durch meinen Mund. Eine alte Nachbarin, die mich hörte, sagte zu ihrer Tochter „Jetzt hat sie ihn umgebracht".

Die Nachbarn hörten mich oft schreien. Meine Hilflosigkeit, die nicht wusste wie sie den Mann dazu bringen sollte endlich seinen Arsch zu heben, ließ mich oft brüllen wie eine Löwin.

Das aber ist das Schlimmste – eine schreiende Frau – sie macht Angst und wird deshalb verachtet. Ein altes tschechisches Wort sagt. „Wenn eine Frau brüllt, beben vierzehn Kirchen." Selbst mein Mann, der sonst nie etwas hörte, kam aus der Werkstatt gelaufen, er war sie nicht suchen gegangen. Ich sagte es ihm mit der gleichen Brutalität: „Das Dirndl ist ertrunken“. Den Arzt anrufen, ich muss den Arzt anrufen, die Nummer, wo ist die Nummer? Hilf Himmel, die Nummer, ach ja, sie ist ja eingespeichert. Endlich: hier ist die Praxis – schnell, schnell mein Dirndl ist ertrunken. Dann rief ich eine Freundin an, jemand musste zu meinem Sohn kommen. Das konnte schnell geregelt werden. Dann lief ich, so schnell meine gelähmten Beine mich trugen, über den kleinen Berg hinauf zum Bauernhof. Da sah ich sie schon; unter einem großen Kirschbaum lag sie in ihrem roten Röckchen, dem einzigen, das sie nicht selber ausziehen konnte. Mein Mann wollte mich in den Arm nehmen. Ich riss mich los und ging zu dem Kind. Ich packte sie und begann ihre Lunge auszupumpen. Darauf, sie Mund-zu-Mund zu beatmen, kam ich nicht. Aber ich pumpte wie wild und es kam viel Wasser und Schmutz aus ihrem Mund. Da war auch schon die Ärztin da und gleich drauf landete der Hubschrauber auf dem Feld. Ich setzte mich neben meinen Mann unter den Kirschbaum und war sicher, das konnte nur ein Alptraum sein. Gleich würde ich aufwachen und das Körperchen meiner Tochter neben mir spüren und ihren Atem an meiner Wange. Der Bub würde lachen und die Vögel würden singen. Ich wusste noch nicht, dass ich nie wieder so aufwachen würde. Meine Welt ging wieder einmal unter. Das Haus, mein Lebenshaus, das ich mühsam zum wiederholten Male aufgebaut hatte, stürzte in sich zusammen. Es krachte und schrie, es staubte, meine Welt starb. Warum nur starb ich nicht mit?

Wieder einmal hatte ich jemanden, für den ich leben musste: meinen Sohn. Sicherlich wäre er auch ohne mich groß geworden, aber ich denke, es ist ganz gut für ihn, dass ich nicht gestorben bin. Plötzlich hieß es: Das Herz schlägt, der Hubschrauber startete und das Kind wurde in die Kinderklinik Landshut gebracht. Mich hatte 1954 ein Krankenwagen in diese Klinik gefahren, ein Jahr und drei Monate alt. Meine Tochter wurde im Jahre 1986 geflogen, zwei Jahre und fünf Monate alt. Ich kam nach einem viertel Jahr wieder heim, geschlagen an Leib und Seele. Sie brachte nach sechs Tagen der Leichenwagen. Erst sah es noch so aus, als ob sie es schaffen würde, am Sonntag war alles so voller Hoffnung. Am Montagvormittag war ich nach Altötting zur schwarzen Madonna gefahren, es hatte geheißen, mein Kind würde wieder gesund werden. Leicht behindert wahrscheinlich, aber gesund. Nun stand ich da in der wunderbaren Kapelle, viele Leute standen um mich herum. Jeder betete. Für was oder für wen die vielen Gebete wohl waren? Wem sollte die Mutter helfen? Ich begriff, dass Hilfe nicht immer

Leben auf dieser Erde bedeutet. Zum Leben gehört das Sterben, das Krankwerden, Not und Kummer ebenso wie Lachen, Glück, Gesundheit.

Als ich nachmittags in die Klinik kam, war meine Tochter klinisch tot. Woran sie starb, weiß ich nicht. War sie wach geworden und hatte ängstlich gepresst, so dass der Druck im Köpfchen stieg und sie daran starb oder hatte sie zu viele Betäubungsmittel bekommen, um nicht wach zu werden und zu pressen? Ich habe nie nachgefragt, es war egal.

Sie lag da und nur der Beatmungs-Apparat hielt sie noch fest auf dieser Erde. Noch einmal nahm ich sie in den Arm. Ein allerletztes Mal spürte ich das Gewicht ihres Köpfchens auf meinem Arm, den weichen, ranken Körper. Evi, meine Evi, wie soll ich leben ohne dich? Wie kann denn so etwas möglich sein. Schützt Gott nicht die kleinen Kinder? Ein junger Arzt kam und sagte: „Ja, nun sei sie klinisch tot und er wolle fragen, ob wir uns mit einer Organentnahme einverstanden erklären würden." Mich traf der Schlag! Kein Wort konnte ich sagen und schüttelte nur den Kopf. Das hätte ich nicht ertragen, dass sie in den OP gerollt und ausgeschlachtet wird. Kein Gedanke ging zu dem Kind, das durch sie vielleicht leben könnte, nur das Aufschneiden des schönen kleinen Körpers stand mir vor Augen und es war ein Alpdrücken. Nein, ich wollte es nicht. Niemand sollte sie beschädigen dürfen, mein Kind mit den schönen geraden Beinen. Die Maschinen würden nun noch einige Tage beatmen, dann käme die Entscheidung sie abzustellen. Das hat Eva mir erspart, dem Himmel sein Dank. Am Mittwoch, den 20. August 1986, früh um halb fünf, derselben Zeit, zu der sie geboren wurde, rief mir ein Rabe, laut und klagend in mein Schlafzimmer, dass sie gegangen war.

Fort von mir in die Anderswelt. Fort von mir! Fort! Fort! Nein es konnte nicht wahr sein, gewisslich war es nur ein böser Traum.

Ich musste nur aufwachen. Warum nur wachte ich nicht auf. Ich lag zu Boden geschleudert und gestraft mit der härtesten Strafe.

Warum nur hatte ich das erste Kind abgetrieben. Mea culpa, mea maxima culpa, meine Schuld, meine große Schuld.

Wie hatten denn die Klosterfrauen damals das schon so genau wissen können? Ich taugte nichts, nicht einmal in der Lage war ich, mein Kind zu behalten. Mein Kind, das ich mir doch so sehr gewünscht hatte. Meine Tochter, die das Licht meiner Augen war und die zwei gerade Beine hatte. Zwei gerade Beine.

Meine Umwelt gab mir recht, ich war schuld.

Der Schwager meines Mannes kam nicht zur Beerdigung, weil er Leute nicht sehen will, die nicht auf ihre Kinder aufpassen.

Zur Beerdigung kamen auch meine zwei nun schon uralten Tanten aus Rosenheim. Sie waren nur ein paar Jahre jünger als meine Oma. Diese beiden alten Frauen, die von den insgesamt dreizehn Geschwistern die Lebenden nur noch sahen, wenn sie sich zur Beerdigung einer Schwester oder eines Bruders trafen, haben mir gezeigt, wie das Leben gelebt werden kann.

War einer von ihnen gestorben, gingen sie schweigend und traurig hinter dem Sarg her, dann traf man sich im Wirtshaus und begann, sich an den oder die Verstorbenen zu erinnern. Und beim Kaffeetrinken angekommen, lachten sie über die Streiche ihrer Jugend und alles war ein wenig verklärt von der Erinnerung. Sie hatten zwei Weltkriege überlebt, Not, Hunger und Tod, saßen da voller Falten und die Augen blitzten voller Lebenslust. Die beiden sagten nicht wie andere: „Nimm`s nicht so schwer, du kannst ja wieder eins bekommen“ oder „jetzt habts ein Engerl im Himmel“, die zwei wussten ums Leben und ums Sterben, sie strichen mir übers Haar und verstanden mich.

Meinen Sohn hatte ich mir gewünscht, damit Eva nicht so allein sein sollte im Leben. Nun war er allein. Und wenn er mit mir allein gewesen wäre, dann wäre er auch gestorben, denn ich verfiel dem Wahnsinn.

Zum Glück des Buben aber nahm sein Vater ihn an sein Herz. Er brauchte das Kind und das Kind brauchte ihn. Er schlief fortan beim Papa im Bett, er saß beim Essen auf seinem Schoß und er verbrachte den ganzen Tag in der Werkstatt. Ich kochte, wusch, machte die Betten und rannte unvermittelt davon, alles stehen und liegen lassend. War ich fort, wollte ich heim. War ich daheim, rannte ich fort. Des Nachts träumte ich, ich hörte das kleine hölzerne Puppenwägelchen über den Kies rollen. Ich stürzte ans Fenster, gleich würde sie um die Ecke kommen, das blaue Holzwägelchen mit den roten Rädern vor sich herschiebend. Aber da war kein Kind, das mich lachend anschaute. Da war nichts als Nacht und Dunkelheit und ein Schmerz der so schwer war wie ein Berg. Er drückte mich zur Erde nieder, er zerriss mein Herz und schnürte mir die Luft ab. Das Gewicht ihres Köpfchens spürte ich noch auf meinem Arm. Wie groß sie schon war. Wie seidig ihr blondes Haar. Wie herzlich sie lachen konnte und wie verzweifelt sie manchmal weinte. Viel zu wenig hatte ich mit ihr gelacht. Immer hatte ich mich um den Mann gekümmert, der hinter mir her lief und mein Kind sein wollte und an meinem Busen nuckeln wollte. Ich war so hilflos gewesen, konnte ihn nicht auf den Platz stellen den er hätte einnehmen müssen. Seine Frage, wen ich denn nun mehr liebe: ihn oder das Kind hatte ich nie zu seiner Zufriedenheit beantwortet. Denn ich liebte sie, er sollte ihr Vater sein. Er sollte mein Mann sein. Ich wollte keinen Sohn, ich wollte einen der Verantwortung übernimmt, der mich in den Arm nimmt. Der mir zeigt dass er mich liebt. Er wollte oder konnte nichts geben, er wollte geliebt, versorgt, verführt werden, er wollte sich an meiner Kraft laben, aber nun hatte ich keine Kraft mehr.

Ach, Kind, wenn ich dich nur sehen könnte! Wenn ich doch nur etwas gut machen könnte.

Warum um Himmelswillen war ich nicht selber gegangen und habe nach dir geschaut? Wie habe ich ihn schicken können? Er war noch nie gegangen wenn ich ihn gebraucht habe. Gab es wirklich etwas Wichtigeres als dich? Ich habe gesagt zu ihm: „Geh und schau nach der kleinen ich muss den Anwalt anrufen." Denn es ging ums Geld, immer wieder ums Geld, aber es hätte um dich gehen müssen, nur um dich. Wie sehr habe ich versagt. Warum nur bin ich nicht selber gegangen? Ja, ich hatte mich aufgemacht ein Leben mit Behinderung zu leben, ich hatte Oma und Opa beerdigt die mir Eltern waren und meine Heimat. Ich hatte nicht nur keinen Pfennig Geld, ich hatte Schulden, aber ich war wie ein Stehaufmännchen, so sehr ich auch in den Dreck gedrückt wurde, ich stand wieder auf. Wozu aber sollte ich dieses Mal aufstehen? Meine Welt war ein Trümmerhaufen, keine Bombe konnte mehr Trümmer hinterlassen. Es schien mir nicht mehr der Mühe wert, diese Trümmer aufzusammeln.

Aber da war mein Sohn und da war Gott! Er ließ mich nicht los. Er stand an meiner Seite, er hielt es aus wenn ich mit Finger auf ihn zeigte. Er blieb da wenn ich ihm seine Existenz absprach. Er hielt mich im Arm wenn ich schreiend und weinend meinen Kopf auf den Boden schlug. Er füllte das Zimmer und meine Seele mit seiner Barmherzigkeit und Liebe. Er weinte wenn ich weinte, er trug mich wenn ich nicht mehr gehen konnte. Er sagte mir, dass es noch nicht Zeit war, diese Erde zu verlassen. Ich hatte ein Kind, und wenn ich dieses Kind auch momentan Vernachlässigte, er war da, mein Sohn, und er hatte es verdient eine Mutter zu haben.

Wusste ich nicht wie es war seine Mutter zu verlieren? Nein ich würde diesen kleinen Kerl nicht im Stich lassen. Und so stand ich wieder auf, mühsam, mühsam – aber ich stand auf. Stand auf meinen ungleichen Beinen, in der Hüfte schief und dennoch aufrecht und gewiss, dass ich geliebt werde. Wenn auch nicht von meinem Mann, so doch von Gott und dem Universum. Bücher von Elisabeth Kübler-Ross zeigten mir, dass Kinder nicht sterben, weil die Eltern schuldig wurden. Nein, ich war nicht schuld das mein Kind starb. Ein Mensch kommt auf diese Erde, um etwas zu lernen oder um jemandem, den er liebt, nahe zu sein und ihm zu helfen. Eva kam zu mir, um mir den Weg zu zeigen. Ohne sie wäre ich so unendlich arm geblieben. Sie war das Licht, das kam und mir den Weg aus dem Dunkel zeigte. Mit ihr hat sich mein Leben gewandelt.

Der Tag, an dem sie kam, dieser Mittwoch im Frühling 1984, war einer der schönsten Tage in meinem Leben. Der Schmerz, dieser grenzenlose Schmerz, der das Herz zu zerreißen drohte, konnte mir die Freude an ihrem Erscheinen nicht nehmen. Langsam, ganz langsam begann der Schmerz leiser zu werden und die Freude an den zweieinhalb Jahren mit ihr gewann an Gewicht. Die entscheidende Wende aber kam mit einer Geschichte aus der Bibel. David, der König von Israel, zeigte mir das Gott liebt, auch wenn der Mensch nicht so ist wie es die Moral vorschreibt. Ich erkannte das es egal ist was ich tue, ob ich nicht mehr aufhöre zu weinen, ob ich mich in Krankheit flüchte, ja selbst wenn ich mein Leben selbst beenden würde eines würde dennoch so sein wie es war: Das Kind war tot und es würde tot bleiben. Ich entschloss mich zu leben.

2 Samuel, 12; 15 - 23

Und Nathan ging heim. Und der HERR schlug das
Kind, das Urias Weib David geboren hatte, und lies
es schwer krank werden.
16 Und David suchte Gott um des Knäbleins willen
und fastete und ging hinein und lag über Nacht auf
der Erde.
17 Da standen auf die Ältesten seines Hauses und
wollten ihn aufrichten von der Erde; er wollte aber
nicht und aß auch nicht mit ihnen.
18 Am siebenten Tage aber starb das Kind. Und die
Knechte Davids fürchteten sich ihm anzusagen,
daß das Kind tot wäre; denn sie gedachten: Siehe,
da das Kind noch lebendig war, redeten wir mit
ihm, und er gehorchte unsrer Stimme nicht; wie
viel mehr wird er sich wehe tun, so wir sagen: Das
Kind ist tot.
19 Da aber David sah, daß seine Knechte leise
redeten, und merkte, daß das Kind tot wäre,
sprach er zu seinen Knechten: Ist das Kind tot? Sie
sprachen: Ja. 20 Da stand David auf von der Erde
und wusch sich und salbte sich und tat andere
Kleider an und ging in das Haus des HERRN und
betete an. Und da er wieder heimkam, hieß er ihm
Brot auftragen und aß.

21 Da sprachen seine Knechte zu ihm: Was ist das für ein Ding, das du tust? Da das Kind lebte, fastetest du und weintest; aber nun es gestorben ist, stehst du auf und ißt?
*22 Er sprach: Um das Kind fastete ich und weinte, da es lebte; denn ich gedachte: Wer weiß, ob mir der HERR nicht gnädig wird, daß das Kind lebendig bleibe.
23 Nun es aber tot ist, was soll ich fasten? Kann ich es auch wiederum holen? Ich werde wohl zu ihm fahren; es kommt aber nicht zu mir.*

Da stand ich also wieder, dreiunddreißig Jahre gelebt, bisher nichts erreicht. Wie sollte es weitergehen? Viele Monate hatte ich nur auf Sparflamme gearbeitet. Mit Mühe die paar Möbel ausgeliefert die bestellt waren. Die Schulden bei der Bank waren angewachsen, der Gerichtsvollzieher unser Bekannter.

Das beten und singen mit den Freunden aus dem Bibelkreis war ein Stern in meinem Leben. Mit dem Pfarrer der den Kreis leitete verband mich tiefe Sympathie, eines Tages fragte er ob wir nicht kirchlich heiraten wollten. Gesetzlich waren wir schon sechs Jahre verheiratet und es sprach nichts dagegen auch in der Kirche zu heiraten. Noch dazu der Pfarrer nach unseren Wünschen fragte und alles organisierte und auch bezahlte. So wurden wir auf den Tag genau, sieben Jahre nach unserer standesamtlichen Hochzeit, in der Maria-Hilf-Kirche in Passau getraut. Es war eine sehr bewegende Stunde, der Chor sang und auf dem Altar stand eine Kerze für Eva. Wir gaben uns das Versprechen vor Gott: zusammen zu halten bis das der Tod uns scheidet. Da wir kein Geld hatten, haben wir uns die dünnsten und billigsten Eheringe gekauft die es gab. Wir haben sie beide nie getragen und bei meinem Auszug, viele Jahre später hab ich sie mit samt der Schachtel, in der sie aufbewahrt lagen, eingeheizt. Daran aber hatte ich in dieser Stunde noch keinen Gedanken, ich hatte nur den einen Wunsch: dass meine Ehe endlich wirklich glücklich würde.

Die Tage und Monate verstrichen und eines Tages klopfte es an. Ein weiteres Kind wollte kommen. Ich war schwanger! Hurra, ich war schwanger! Am liebsten hätte ich es in der Zeitung ausgeschrieben: Ich bin schwanger! Ein Kind wollte zu mir kommen. Nein, ich wollte meine Evi nicht durch ein anderes Kind ersetzen, aber es war so schwer im Auto nur ein Kind auf der Rückbank zu wissen, nur ein Kind am Morgen anzuziehen, nur ein Kind ins Bett zubringen.

Im Herbst wurde mein zweiter Sohn geboren.
Dieser, mein zweiter Sohn, war das erste meiner Kinder, das ich vom Zeugungsmoment an offen lieben durfte. Auch mein Mann hatte begriffen, dass Kinder eine Gottesgabe sind und behütet und geliebt werden müssen. Die Geburt dieses Kindes war ein Fest und ich ließ den Buben die ersten Jahre nicht aus den Augen.

Mit den Kindern kam wieder Fröhlichkeit ins Haus. Mein Glaube füllte mich mit Zuversicht. Gegen alle äußeren Widrigkeiten glaubte ich das Gott mir helfen würde.

Während ich betend im Garten saß hatte ich ein Vision: Vor meinem kleinen Haus würde ein Kutsche halten, eine Fee würde aussteigen und ihr Füllhorn über mich und meine Familie schütten.

Anfangs waren da noch Zweifel, aber die Gewissheit festigte sich in meinem Herzen. Eine Tür würde sich öffnen, eine Fee würde kommen.

Zum Glück saßen wieder zwei Kinder auf der Rücksitzbank wenn ich Möbel ausfuhr und plapperten und stritten und hatten das größte Vergnügen wenn wir an einem großen Lastwagen vorüber fuhren. Ich pflegte das Grab meiner Eva, mein Mann kam nie mit. Wir hatten gemeinsam aus Eichenholz das Grabkreuz gebaut, aber pflegen musste ich allein. Da ich ja mittlerweile alles allein machte, fiel mir das nicht einmal mehr auf.

Die Finanzsorgen wurden übergroß, mein Glaube aber wurde unerschütterlich. Ich wusste, und ich weiß, ich lebe mit einem Gott, der keine Schuld sieht, der mit unendlicher Geduld liebt, der weiß, wie schwer und unberechenbar das Leben oft wird. Ein Gott voller Überraschungen, der Türen öffnen kann, wo es keine Türen gibt, und ich war sicher, eines Tages würde er diese Türe für mich öffnen.

Mein Haus ist selten sauber
Und niemals aus dem Ei gepellt.
Es ist ein Haus für Kinder
Zu dem sich Katz und Hund gesellt.
In jeder Ecke stehen Äste
Draus werden Bogen, ist doch klar.
Bei jedem Schritt kommst du ins Stolpern
Über Schuh und Bälle, wunderbar!
Dort stehen Autos in der Startbahn
Die fahren um die Wette gleich,
doch halt das geht nicht, denn
unser jüngster malt am Ziele, Wald und Teich.
Der Hund zerbeißt ein Holzscheit
Die Katz schläft im besten Stuhl
Ich sitze auf dem alten Sofa
Und schließe beide Augen zu.

Meine Seele belastet sich mit der Frage warum? Warum bin ich so lange in einer so unglücklichen Beziehung geblieben? Warum habe ich meine Kinder in diesem Streit aufwachsen lassen? Warum habe ich alles nur so falsch gemacht? Viel Nachdenken hat es erfordert, **aber nun weiß ich es**: es war diese gnadenlose Einsamkeit meines jungen Lebens.

Mit neunzehn Jahren war ich bei meinen Eltern ausgezogen nach Hut in eine kleine möblierte Wohnung, ich war auf der Suche nach dem Leben, der Liebe, Geborgenheit, nach mir selber suchte ich noch lange nicht. Die Arbeit in der Näherei befriedigte mich nicht. Ich wollte nicht an der

Maschine sitzen und nähen, ich wollte… ja, was wollte ich? Zunächst einmal wollte ich einen Mann. Der Mann, mit dem ich zu dieser Zeit, in Beziehung lebte, lebte nicht mit mir in Beziehung. Öffentlich wurden wir zwei nie. Haben ihn ja alle gefragt: „Kannst du denn keine finden, außer die da die hinkt?“ Er kam nur nachts und diese Nächte waren keine Erfüllung. Aber ich hielt an ihm fest, hatte ich doch niemanden außer ihn. Ich tat das was ich am besten konnte: ich träumte mich aus der Realität hinaus. Wenn er da war, war´s nicht schön. Wenn er fort war war´s schön, denn im Traum ereigneten sich alle die Dinge, die mein Glück waren. Hochzeit im weißen Kleid, ein schönes kleines Haus mit Sonnenblumen am Gartenzaun, ein paar Kinder und ein Hund.

Vier Jahre träumte ich. Eine unstete Zeit in der ich oft auch meine Wohnung wechselte, von Hausen nach Hut, von Hut wieder nach Hausen und dann nach Burg. Erst in eine viel zu teure Ein-Zimmer-Mansarden-Wohnung, dann hatte mir eine Fürsorgerin zu einer Zwei-Zimmer-Wohnung verholfen mit Blick auf den Burger Friedhof. Auf dem großen alten Friedhof, ab dessen anderer Seite ich meine Kindheit verbrachte, lagen meine Vorfahren väterlicherseits begraben. Beinahe konnte ich das Grab meiner Großeltern vom Balkon aus sehen. Mein „Freund“ kam mich an allen Orten besuchen. Nicht das er mir bei einem Umzug geholfen hätte, nein, er war Gast und ließ sich alles was ich ihm anbot gut schmecken. In Burg aber besuchte ich den Pfarrer, leider war´s nicht mehr der aus meiner Kindheit, aber der neue war auch nett. Er half mir zu einer Gruppe junger Leute zu kommen. Das war wirklich schön, die holten mich manchmal am Samstag ab und wir gingen Tanzen. Ich war ja ein bildhübsches Mädchen schlank mit lockigen Haaren. Ich trug noch keine orthopädischen Schuhe, am liebsten tanzte ich barfuß. Und ich bin nie als Mauerblümchen hocken geblieben. Ich war beliebt und sie rissen sich darum mich mitzunehmen. Mit dieser Gruppe im Hintergrund konnte ich endlich den Nehmer in die Wüste schicken. War ihm nicht recht, aber mir war es sehr recht. Ja sie rissen sich um mich, weil ich lustig war und sie alle mit meiner Fröhlichkeit mit reißen konnte. Weil ich wunderbare Geschichten erzählen konnte und sie mein Lachen liebten. Mit Heim aber wollte mich keiner nehmen, wenn´s ernst werden sollte wollte doch keiner ein Hinkebein. Das hat mich so traurig gemacht.

So lustig ich war wenn ich fort war, so traurig war ich daheim. Dazu erschöpften mich acht Stunden Arbeit am Tage so sehr das ich auf dem Heimweg viel stolperte und fiel. An manchem Tag kam ich kaum die zwei Treppen zu meiner Wohnung hoch, legte mich ins Bett und schlief wie eine Tote.

Wie sehr wünschte ich mir, dass einmal einer käme und fragte wie es mir geht. Wie schön müsste das Leben in einer Familie sein, wie schön heim zu kommen, erwartet zu werden und gemeinsam zu essen. Wie schön gemeinsam den Geburtstag zu feiern, wie schön sich zu streiten wer denn nun den Abwasch macht. Ich kam heim und war allein, ich aß allein, ich weinte allein. Keiner war da wenn ich Bauchweh hatte, oder Grippe. Keiner der nachheizte wenn das Feuer erlosch. Ein kleiner Teddybär war die meiste Zeit mein einziger Unterhalter. Manchmal, sehr selten radelte ich nach Hausen um meine Familie zu besuchen. Immer kam ich mit viel Hoffnung an um jedes Mal wieder als unwillkommen zu gelten. Oft ging ich ans Grab zu Oma und machte ihr Vorwürfe. Sie hatte es gut und ich? Hatte sie denn nie an mich gedacht? War ich ihr so egal gewesen? Sie war einfach gestorben und hatte mich sitzen lassen. Dass es so was geben durfte. Und ich war so allein, so unendlich einsam.

Das Leben schien mir eine Wüste zu sein, kein Lebenswasser weit und breit. An mir musste etwas falsch sein. Ich hatte keine Familie, keine wirklichen Freunde. Nur diese grenzenlose Einsamkeit und Traurigkeit die dunkel und tief war wie der Himmel in einer Novembernacht. Das bisschen Geld das ich verdiente gab ich schneller aus als es herein kam.

Für Dinge die nichts wert waren! Nie kaufte ich etwas wertvolles, nichts, außer Büchern, wollte ich besitzen. Nie wieder in meinem Leben wollte ich mein Herz an etwas hängen, es würde ja ohnehin nicht bleiben.

Verlust tut so weh, er reißt dir das Herz aus dem Leib, das wollte ich nicht mehr, lieber nichts haben als wieder etwas verlieren. Dass ich ein paar Schulden auf der Bank hatte, machte mir nichts aus. Besser ein Minus haben, ein Minus kann keiner verlieren. Wo nichts ist hat der Kaiser das Recht verloren.

Als ich meinen Mann kennenlernte und er bei mir einzog erschien mir das wie ein Wunder. Er musste mich doch lieben, sonst wäre er doch nicht bei mir eingezogen, oder? Drei Jahre war er jünger und er war so eben durchs Abitur gefallen und wollte zur Bundeswehr. Ne nicht wirklich oder? Nein er wolle nicht, aber seine Mutter will, damit er Anstand und Sitte lernt. Aha! Das war schnell hintertrieben. Wir kannten uns keine drei Monate als er bei mir einzog, mit einer orangenen Unterhose und einigen Kleinigkeiten im Gebäck. Macht nichts, wir kauften was er brauchte. Ich war endlich zu einem Mann gekommen, ich war nicht mehr allein. Ich war gleichzeitig auch zu einem Kind gekommen, denn das war er mehr als Mann, macht nichts, ich wollte ihm alles sein: Frau und Geliebte und

Mutter, das Glück seines Lebens. Endlich hatte ich eine kleine Familie, es lohnte sich zu leben. Hauptsache ich war nicht mehr allein. Ich konnte mich um jemanden kümmern für ihn sorgen, ihm Steine aus dem Weg räumen, ich war nicht mehr allein.

Ich ließ ihn nie aus den Augen, vollendete seine Sätze, tat was ich glaubte das er wollte. Kochte was er gerne aß und hatte Sex mit ihm. Nicht berauschend, aber was machte das, ich war nicht mehr allein. Seine Eltern waren entsetzt das er so einfach auszog, hatten sie doch gehofft das er den Bauernhof übernehmen würde. Ich versuchte mit ihnen Verbindung aufzunehmen, denn sie hätten ja meine Familie werden können. Ich liebte ihren Sohn, freuten sie sich nicht darüber? Mitnichten, als seine Mutter mich sah sagte sie: „Was sollen wir denn mit der? Die kann ja nicht mal Kinder kriegen und wenn wir gemeinsam zur Kirche gehen, werden die Leute sagen. Die Alte ist schöner als die Junge.“ Mein Geliebter stand daneben und sagte nichts. Er trank mit seiner Familie zwei Stunden lang Kaffee und lies mich während dieser Zeit im Auto sitzen. Auf dem Nachhauseweg machte ich ihm die bittersten Vorwürfe, dass er mich nicht verteidigt hatte. Auf die Idee dass ich ihn wieder, als Paket ohne Wert, zu seiner Familie zurück schicken könnte, kam ich nicht. Er erklärte das seine Mutter von Grund auf böse sei und das es nichts helfe mit ihr zu reden. Er erzählte wie schlimm er es mit seiner Mutter als Kind hatte und ich zerfloss vor Mitleid und nahm ihn in den Arm, den armen Jungen. Er konnte ja nichts dafür, wenn ich nur Geduld haben würde, dann würde er sicher der Mann werden den ich mir wünschte.

Wir wohnten in Burg in einer kleinen Wohnung als ich Bücher las über das Glück des einfachen Lebens. Diese Ideen waren wie ein leuchtender Stern für mich und ich suchte eine Möglichkeit nach diesen Ideen zu leben. Nach vier Jahren Kleinstadtleben fand ich ein kleines Haus am Waldrand und wir zogen um ins Rottal.

Die dreieinige Göttin des Lebens und des Todes, die junge Weiße, die rote Fruchtbare und die schwarze Alte spiegelt sich in unserem Frauenleben wieder. Der Umzug aufs Land war für mein Leben nicht nur der Wechsel der Orte, er war die Wandlung in meinem Leben. Bisher war ich die weiße gewesen, die junge, die wachsende, nun wurde ich die rote. Ich wurde die erwachsene Frau die einen Garten bestellt und die sich fortpflanzen will.

Er ging mit, er sagte nie Nein, brachte nie einen eigenen Vorschlag, tat nie seine Meinung kund. Ich dachte, deshalb es sei ihm so recht wie es war.

Nein er sprach nie dagegen, aber er verweigerte sich. Ich wurde immer unsicherer, wenn ich ihn fragte sagte er es würde alles passen. Wenn wir mit anderen Sprachen sagte er das Gegenteil. Was wollte der Mann?

Da ich es nie ergründen konnte tat ich so, wie ich dachte dass es gut sei. Gerne hätte ich ihn oft ins Pfefferland geschickt, aber was würde dann aus mir werden? Mein Leben war auf ihn ausgerichtet, er sollte mein Glück sein. Er war der Inhalt meines Lebens und wenn er nicht da war, dann war nur Leere da.

Das was passierte oder vielmehr das was nicht passierte machte mich traurig und wütend, aber ihn zu lassen und stattdessen mich selber zu suchen kam in meinen Gedanken noch nicht vor. Nicht einmal gravierende Verletzungen meiner Seele und meiner Selbstachtung konnten mich von diesem Mann abziehen.

Wir hatten ein Holzbett kreiert, im Bauernstil, das vom Gitterbett in ein Kinderbett umgebaut werden konnte. Dieses Bettchen hatte ich vom TÜV prüfen lassen. Wir hatten Kunden in ganz Deutschland, ja sogar in der Schweiz war ein Geschäft, das gerne unsere Bettchen weiterverkaufte. Da wir uns keinen Auslieferungsdienst leisten konnten, fuhr ich die Betten aus. Ich fuhr oft wie ein lang geübter LKW-Fahrer von früh morgens bis spät nachts.

Manchmal nahm ich meine Mutter mit, um nicht so allein zu sein und weil ich hoffte, dass wir uns dabei ein wenig näher kommen würden. An einem Tag musste ich Betten und Kommoden nach Karlsruhe fahren. Den Autoanhänger hatte ich mir von meiner Freundin geliehen. Natürlich wurde mein Mann, wie üblich, nicht pünktlich fertig und anstatt am frühen Vormittag kam ich erst am Nachmittag weg. Ich fuhr die achtzig Kilometer zu Mutter, wir kauften noch ein Kilo Kirschen als Proviant und los ging´s. Die Möbel lieferten wir gegen neunzehn Uhr ab, kehrten in einem Gasthof ein, zu kurzer Rast und fuhren wieder nach Hause. Gegen zweiundzwanzig Uhr, schon nahe Landshut, schlief ich beinahe ein und schrammte gerade noch am Ausfahrtsschild vorbei. Als ich Mutter aussteigen ließ, dachte ich kurz, ob ich nicht bei ihr über Nacht bleiben sollte. Dann aber verwarf ich den Gedanken wieder, immer wollte ich in der Nähe meines Mannes sein. Es hätte ja sein können, dass er sich der Liebe zu mir erinnerte und da wollte ich dabei sein.

Es ging auf Mitternacht, als ich endlich in die letzten fünfzig Kilometer einbog, die mich von zu Hause trennten. Es war eine schmale Landstraße und unvermittelt schlief ich ein. Sekundenschlaf! Der Wagen geriet auf den Seitenstreifen und das Knirschen des Kieses riss mich in die Wirklichkeit zurück. Voller Schrecken steuerte ich dagegen und der Wagen fuhr viel zu weit nach links, wieder gegengesteuert und nun kam auch der Anhänger ins Schlingern und ich fuhr eine steile Böschung hinunter. Während das Gras auf mich zuraste, dachte ich: „Weil ich immer so müde Auto fahre.“ Und fiel in Ohnmacht.

Als ich wieder zu mir kam, lag mein Auto auf der Fahrerseite. Erst hatte ich Angst, dass es brennen würde. Aber dann erkannte ich, dass nichts brennt und überlegte, wie ich nun aus dem Auto kommen sollte. Mein Bauch war von der Schwangerschaft gut gerundet und mühsam kletterte ich auf die Fahrersitzlehne, um die Beifahrertüre hochzustemmen und herauszuklettern. Der geliehene Anhänger stand wie eingeparkt am Hinterrad. Wenn mein Bauch nicht so dick gewesen wäre, hätte ich leicht hinunterklettern können, aber so. Ich blieb auf der rechten Seite des Autos sitzen und wartete, bis jemand kam, der mir helfen würde. Nach langer Zeit kam ein junger Mann. Er sah mich, lief die Böschung herunter, hob mich vom Auto, holte alles Wichtige heraus, sperrte das Auto zu und half mir zur Straße hinauf. Am ganzen Körper zitternd, machte ich mir Sorgen, was mein Mann sagen würde. Der Fremde klopfte mir den Rücken und sagte: „Der wird froh sein, dass Sie noch leben.“ Und fuhr mich heim. Er erkundigte sich unterwegs, wie es mir gehe und ob dem Kindchen etwas fehlen könnte. Körperlich fehlte mir nichts, innerlich war ich einem Kollaps nahe.

Auf mein lautes Klopfen öffnete mein Mann die Haustüre. Ich schluchzte: „Hab einen Unfall gehabt“. Mein Mann sah mich kurz an, drehte sich um und legte sich wieder ins Bett. Ich saß noch eine lange Weile zitternd und frierend am Küchentisch. Als ich endlich ins Bett ging, schlief er tief und fest. Ich zog meine kleinen Buben fest an mich, sie schlüpften gerne in der Nacht in unser Bett, und dachte zum tausendsten Mal: „Lieber Gott, was soll ich nur tun? Ich weiß keinen Weg mehr, hilf mir ich bitte Dich“. Die Kinder waren warm und schmiegten sich fest an mich, für sie lohnte es sich zu leben. Sie waren und sind mein Glück und meine Freude.

Die Schulden aber wurden wirklich eine Qual. Wie oft kam der Gerichtsvollzieher, wie oft gab mir der Glaser kein Glas mehr. Es war schier zum Verzweifeln. Ich verlor so sehr mein Selbstvertrauen, das ich mit den Kindern nirgends hinging und mich offen betrügen ließ, aus lauter Scham. Oft und oft kniete ich in der Kirche und betete um Hilfe.

Endlich schrieb ich an eine Landtagsabgeordnete, eine Bäuerin mit sieben Kindern, und bat sie um Hilfe. Wir kannten uns schon lange und schätzten *uns sehr. Sie versprach mir zu helfen, aber sie wusste noch nicht wie.*

Mein jüngster Sohn war drei Wochen alt, als sie zu Besuch kam. Ich lag in der Küche mit Fieber, durch eine Nierenbeckenentzündung, auf dem Kanapee. Das Baby lag auf meinem Bauch. Die Türe stand offen, der Ofen war ausgegangen. Die zwei Großen rannten im Garten umher, mein Mann war in der Werkstatt und schaute nur mittags herein, um zu fragen, ob es was zu Essen gäbe. Meine drei Freundinnen aus dem Gebetskreis, die mir seit dem Tode Evas treu zur Seite standen, kümmerten sich um mich, holten Arznei, kauften ein.

Als die Abgeordnete meine Küche betrat und mich mit fieberrotem Gesicht daliegen sah, zog sie sich einen Stuhl heran und sagte: „Wie kann ich helfen?" Da begannen meine Tränen zu fließen und ich erzählte alles, alles, alles. Beim Abschied strich sie mir übers Gesicht und sagte: „Ich schau, was ich tun kann, nur Mut." Ich schlief ein und dachte, so ein Allerweltsspruch, was soll das werden? Sie aber ging heim und dachte nicht: „Leute gibt's!" und vergaß. Nein, sie dachte nach. Ersann einige Möglichkeiten und verwarf sie wieder. Nun gab's und gibt's in jenem Ort einen großen Industriellen, der hatte so viel Geld, dass er viele Steuern zahlen musste, und so gründete er eine Stiftung. Zu diesem Mann ging nun die

Abgeordnete und erzählte ihm von mir und meiner Familie. Und dieser Mann hörte ihr zu und sagte: „Ja, den Leuten will ich helfen“.
Und so geschah es, dass mein Glaube wahr wurde.

An einem Tag von allen Tagen hielt vor meinem Haus eine Kutsche, nicht von Pferden gezogen, sondern von PS. Es entstieg ihm auch keine Fee mit wallendem Gewand und fliegendem Schleier, sondern ein schlanker hochgewachsener Mann. Er kam herein und schüttete das Füllhorn der Wunder über mich. Er nahm mein Geschick und das Geschick meiner Familie in seine Hände.

Dann lud er mich vor und ich musste alles offen legen, was an Schulden da war. Ich ging buchstäblich barfuß nach Canossa. So habe ich mich noch nie geschämt, aber es war auch so erleichternd, nichts mehr lag unter dem Teppich. Alles was ich falsch gemacht hatte, lag offen für alle sichtbar da. Es gab nicht wenige, die sagten, denen zu helfen, heißt Wasser in die Donau tragen, denn die haben in einem Jahr wieder Schulden. Hilf lieber jemandem, der es wert ist. Ich stand da, nackt und bloß und nahm alle Schuld auf mich, mein Mann war nirgends zu sehen, er hatte ja nie was getan, also wie bekannt: an nichts schuld. So einfach ist das. Ich hatte getan, ich war schuldig.

Wer denkt schon daran, dass nicht tun, wegschauen, seine Hände in Unschuld waschen ebenso schmutzig macht wie tun. Aber nun wurde mir geholfen. Ihm auch, aber das war ja selbstverständlich. Was mir gehörte, gehörte auch ihm, da war für mich kein Nachdenken.

Das Rad des Schicksals setzte sich in Bewegung, langsam und knarrend, aber unaufhaltsam, und wie von selbst wurden alle unsere Sorgen weggefegt. Wenn ich daran denke, dann kann ich es heute noch nicht fassen, wer hat jemals im Leben so viel Glück? Aber da ist es wieder: Glaube kann Berge versetzen. Ich habe immer an dieses Wunder geglaubt und konnte es nun doch kaum fassen, als es geschah. Wir wurden nicht nur alle unsere Schulden los, mit der einzigen Auflage, ein Fünftel der Gesamtsumme zurückzuzahlen, wenn wir zu Geld kommen sollten, nein, unser ganzes Leben wandelte sich der Sonne entgegen.

Wir fanden eine wunderbare Arbeit für meinen Mann, um die andere lange dienen müssen. Wir waren vollkommen schuldenfrei und wir haben auch keinen Pfennig Schulden mehr gemacht.

Ich ging vor diesem Wunder in die Knie. So dankbar wie ich konnte keiner sein. Gott hatte mir geholfen, mir, der kleinen, unwichtigen, hinkenden Frau. Mit goldenen Lettern druckte ich es in mein Herz. Gott hilft.

Ich nahm Anton, meinen Schutzengel, um die Mitte und tanzte mit ihm durch die Welt. Ich war achtunddreißig Jahre, als mein dritter Sohn geboren wurde. Für ihn konnte ich nun einen schönen Kinderwagen kaufen und einen Autositz. Es war wunderbar.

Wir zogen um, das Leben als Aussteiger war beendet. Unser Leben begann noch einmal ganz von vorn. Der Arbeitgeber stellte uns ein schönes Haus zur Verfügung mit einem Garten, der bei unserem Einzug noch als Abstellhalde des dazu gehörigen Gutshofes diente. Der Große kam in die Schule, der Zweite in den Kindergarten, der Kleine war bei mir daheim.

Hatte ich bis da immer um Hilfe gebetet, so betete ich nun aus Dankbarkeit. Natürlich gab es noch Probleme, aber es kam jeden Monat ein fester Geldbetrag, wir konnten alle Rechnungen bezahlen. Alles erschien mir wie ein Wunder. Jeden Ersten ein fester Geldbetrag mit dem ich wirtschaften konnte, bezahlte Sonn- und Feiertage und bezahlter Urlaub, alles war wie ein Traum. Ich war glücklich. Das ist bis heute einer meiner Glücksmomente geblieben, jede Rechnung, wenn sie kommt, sofort zu bezahlen. Was für ein unschätzbarer Reichtum. Nicht so mein Mann. Jetzt ging er in die Arbeit, auch wenn es eine wunderbare Arbeit ist, in der man Erfüllung finden kann. Er ging zur Arbeit und ich saß daheim und tat nichts. Keine zwei Monate waren wir in unserem neuen Leben, als er sich schon beklagte, dass ich mich von ihm aushalten ließ. Er sah nicht so wie ich das Glück, Rechnungen bezahlen zu können. Er sah nur den Betrag auf seinem Konto, der bleiben sollte. Legte er Geld auf ein Sparbuch, sagte er: „Mit den Zinsen können wir dann ja essen gehen". Wir gingen nie, weder mit den Zinsen, noch anders, essen. Das Geld, das sich nun als erklecklicher Berg auf seinem Konto türmte, war immer zu wenig. Egal, was ich vorschlug, es wurde weggewischt. Nie konnten wir in Urlaub fahren, hätte ja Geld gekostet. Egal, wie viel Geld auf dem Konto war, 5-, 10-, 15tausend, es war immer zu wenig. Er war gegen alles. Ich brauchte ein paar Jahre, bis ich begriff, dass es dabei nicht um irgendeine Sache ging, sondern darum, dass ich auf keinen Fall Recht haben sollte. Ich versuchte nach altbekannter Manier alles zu lenken und für jeden ein gutes Zuhaue zu schaffen, was mir auch bis zu einem gewissen Grad gelang.

Diese Zeit habe ich als sehr glücklich erlebt. Meine Ehe war wohl ein Trauerspiel, aber wir bewohnten ein schönes Haus und nachdem die drückenden Sorgen von mir abgefallen waren, lebte ich ein gutes Leben mit den Kindern. Morgens fuhr ich sie zur Schule und in den Kindergarten, mittags holte *ich sie wieder ab. Ich kochte gutes Essen, und die Kinder hatten Platz zum spielen und toben.*

Jeden Abend saßen die zwei Großen und ich am Bett des Jüngsten und lasen Geschichten. Die Jahreszeit bestimmte unser Leben, und ich feierte die Feste mit meiner Familie, es war eine glückliche Zeit. Wir hatten Geld auch mal ins Kino zu gehen und Bücher zu kaufen. Keine, außer den täglichen kleinen Sorgen, ein glückliches Leben. Ich lernte Leute kennen und wir hatten viel Besuch und lustige Stunden. Dazu kam der Garten den ich nach und nach von allem Gerümpel und altem gelagerten Holz befreite und ihn bepflanzte. Es war ein großer Garten, aber nach und nach wurde jede Ecke bewohnbar. Überall wuchsen Kräuter, Blumen und Sträucher. Überall standen Bänke die zu kurzer oder langer Rast einluden. Die riesige Fichte die den Garten beschirmte und der danebenstehende wilde Kirschbaum boten ihre Stämme als Haltestütze für die Hängematte. Nach und nach wurde er gefüllt mit Segen und Gebeten, schon beim eintreten durch die kleine, von einem Quittenbaum und einer Buche flankierten Pforte war der besondere Zauber dieses Gartens spürbar. Wir herrlich war es unter dem alten krummen Apfelbaum Kaffee zu trinken, oder auf der Bank an der Hauswand zu warten bis der Mond aufging.

Wenn nur mein Mann es auch so gesehen hätte. Er war nicht glücklich, er neidete mir das Daheimsein und ärgerte sich, dass er für uns arbeiten musste. Ich konnte ihn nicht verstehen, alles war so wunderbar, warum nur sah er das nicht?

Durch sein Verhalten war ich vollkommen verunsichert, war ich nicht mehr schön genug? War mein Körper schon zu alt und hatte durch die vier Geburten zu sehr gelitten? War es meine Behinderung die ihm auf die Nerven ging? Die Unsicherheit war kaum auszuhalten, denn wenn ich fragte sagte er: „Es ist nichts!“ Endlich ging ich in psychologische Beratung. Der Therapeut sagte: „Lassen Sie, machen Sie nicht immer alles, warten Sie, er wird es schon tun“. So lange aber konnte kein Problem warten. Sagte ich im Oktober zum Beispiel: wir müssen die Heizung einschalten, im Haus ist es kalt, winkte er ab. Klar, er saß in der mit einem Holzofen beheizten Küche, und ob wir im ansonsten kalten Haus froren, war ihm egal. Meine Worte waren Blödsinn, es friert doch keiner!

Ich konnte und kann es heute noch nicht verstehen, wir lebten im Paradies, er hätte mit mir fliegen können. Aber er wollte nicht. Das Karge, die Sorgen, die Geldnöte waren meine Sache gewesen. Nun, da etwas Geld da war, wurde es seine Sache. Und dann erbte er auch noch, ohne meinen Canossagang hätte er keinen Pfennig geerbt, denn alle Kreditgeber hätten sich wie die Geier auf das Erbe gestürzt. Das aber zählte nicht. Er war ohne Schulden, und das Erbe gehörte selbstverständlich nur ihm allein.

So konnte es nicht weiter gehen, ich wollte keinen Mann nur um ihn zu versorgen, ich wollte einen der am Abend mit mir im Wohnzimmer sitzt und der nicht allein in der Küche bleibt und für nichts Interesse zeigt. Ich wollte mal wieder Liebe spüren, Lachen, sich in die Arme fallen, über die eigenen Gefühle plaudern, ins Theater gehen oder ins Konzert, gemeinsam in den Mond schauen, aber das alles gab es nicht.

Es wurde mir klar dass ich mein Glück nicht mehr aus dieser Ehe beziehen konnte. Ich ging in Therapien, machte Ausbildungen im Gesundheitsbereich und in der Trauerbegleitung. In all diesem Tun bearbeitete ich mein Leben. Es wurde mir langsam bewusst, dass meine Lebensprobleme nicht nur von meiner Behinderung kamen, sondern auch von der Trennung von meiner Mama und den allzu frühen Tod meiner Großeltern. Dieses Trauma, der vielen schweren Trennungen, lag wie eine schwarze Bürde auf meiner Seele. Wie oft in meinem Leben habe ich die dicken Kissen der ersten Lebensstunden gespürt. Sie engten mich ein, machten mich warm und schläfrig, hinderten *mich am Atmen. Und ich war so allein, so traurig, so verzweifelt.*

An einem Sonntagmorgen fuhr ich heim von einem Märchenbesuch in Augsburg. Kein anderes Auto begegnete mir, die Sonne ging auf und es wurde warm im Auto und unvermittelt war da dieses Gefühl. Ich lag winzig klein eingepackt mit einer Wärmflasche da und war allein. Ich schrie nach Mama, aber keiner kam. Ich bekam keine Luft und fuhr an den Straßenrand um anzuhalten. So war es, so lag ich da, neugeboren, unfähig mich zu bewegen und eingepackt zum Ersticken. Und ich war so klein, so wehrlos, noch nicht einmal mein Köpfchen konnte ich selber halten, ich bekam keine Luft, ich erstickte. Hilfe, ich ersticke, ich riss die Türe auf, etwas löste sich in mir. Mit einem Mal, wie von selbst, begann ich dieses kleine Mädchen auszuwickeln. Weg mit den Kissen, weg mit der Babydecke, weg mit allem, was einschnürt. Das Kind war frei und es begann zu zappeln und zu lachen. Ich warf alles, was mich eingeengt hatte, in den Wind. Dann aber musste ich aussteigen und viele Male ums Auto rennen, denn die Freude zischte wie ein Feuerwerk durch meine Glieder und zwang mich zu springen, zu lachen und zu singen. Ich war frei. Das allererste Trauma in meinem Leben war aufgelöst. So wie sich nach und nach alle Traumatas auflösten.

In der langen therapeutischen Arbeit war es, als würde ich Schicht um Schicht abtragen. Anfangs war mir oft, als ob dies nie enden würde, es war mühsam und tat so weh. Kaum löste sich eine Schicht, stand die nächste da. Es war als käme ich nie mehr heraus aus diesem Tale der Tränen. Aber langsam, ganz langsam wurden die Schichten weniger, mein Atem wurde freier.

Das Trauma der Abtreibung löste sich während meiner Ausbildung zur Kinesiologin. Ich lernte eine Lehrerin kennen, eine wunderbare Frau, die gerade die Ausbildung zum Medium durchlebte. Auf meine verzweifelte Frage, was denn aus mir werden würde, da ich doch mein kleines Kind bei der Abtreibung getötet hatte, nahm sie mich in den Arm und sagte: „Alles wird verziehn, dem der erkennt und bereut. Und um Ihr Kind brauchen Sie sich nicht sorgen. Die kleinen Kinder werden von der alles heilenden Liebe empfangen, umsorgt und geheilt. Für Sie aber ist es wichtig, die Kinder noch einmal ganz nah ans Herz zu nehmen, ehe Sie sie endgültig verabschieden.“

Von da an nahm ich meine Mädchen, das Abgetriebene, das Abgegangene und meine Evi immer mit, wohin ich auch ging. Ich setzte sie im Auto neben mich und zeigte ihnen die Welt.

Wo ich ging und stand, immer waren sie da. Ich zeigte ihnen die Straßen und Bäume, ihre Brüder, ihren Vater, die Berge und die Donau, den Mond, die Sonne und die glitzernden Sterne. Und ich zog sie im Bett ganz fest an mich. Sie hatten einen so wunderbaren Platz neben ihren Brüdern, die jede Nacht bei mir schliefen. Und so wurden sie und ich geheilt. Sie gingen in die Ewigkeit und ich sehe sie auf der Wiese mit den Engeln und Jesus tanzen.

Ich aber hatte wieder eine Schicht abgetragen und langsam löste sich die Kruste, die mich umfangen, gefangen hatte. Ich begann leichter zu atmen und erkannte, dass alles was geschieht, zu unserem Leben gehört. Ob es von der Moral als gut oder schlecht eingestuft wird, hat in der Ewigkeit kein Gewicht. Diese drei Mädchen, die mich mit ihrer Liebe berührten, haben meinen Weg mitbestimmt und waren meine Lehrerinnen und Führerinnen. Sie haben mir verziehen, und endlich konnte auch ich mir verzeihen. Mit jeder Schicht, die abfiel, kam mehr und mehr die Edeltraud zutage, die ich war temperamentvoll, stark, fröhlich und liebenswert. Ja, und eines wunderschönen Tages fand ich meinen Beruf Märchen- und Geschichtenerzählerin und Kräuterkundige.

Mit den Märchen ging und gehe ich immer wieder die Wege in den Wald der Seele und lerne mich immer besser kennen und verstehen. Die Kräuter aber und ihre großen Himmelsgeister sind mir schon oft Heilung und Erquickung geworden.

Meine Söhne wuchsen heran, zu wunderschönen, klugen, liebenswerten jungen Männern.
Mein Mann erbte noch mehr und suchte sich eine jüngere Freundin.

Im Sommer 2009 bin ich aus dem Haus, aus meiner Ehe ausgezogen. Viel zu spät, aber dennoch.

Fünfzig Jahre alt

Meinen Status als Märchenfrau vom Berg habe ich verlassen. Meinen verzauberten Garten ließ ich mit blutendem Herzen zurück, meine Zwerge sind mit mir gegangen. Im Sommer davor erlebte ich eine wunderbare Zauberstunde. Ich lag im Gras, die Kräuter dufteten, die Vögel sangen und es war mir plötzlich so schwer, daran zu denken das ich mit meinem Auszug auch diesen Garten verlassen musste. Seit fünfzehn Jahren hatte ich ihn gehegt und gepflegt. Er war gefüllt mit Gebeten, Ritualfeiern, guten Worten. All den Segen der auf ihm lag, all die Geister, die ihn bewohnten, würde ich zurücklassen. Ich sank in tiefste Meditation, als plötzlich die Zwergenfamilie, die meinen Garten bewohnte, vor mir stand. Voran der alte Mann mit seinem langen, weißen Bart und hinter ihm alle anderen, eine liebe Frau mit freundlichem Gesicht hielt das kleinste Zwergenkindlein im Arm. Der Großvater aber sagte: „Weine nicht, wir gehen mit dir, schau, wir haben alles schon gepackt.“ Wenn der Frühling kommt, werde ich für sie wieder Kräuter pflanzen. Damit sie sich auch im neuen Garten wohlfühlen.

Aber noch ist Winter. Allein sitze ich hier und trauere. Trauere um mein Leben und um all die verpassten Chancen. Trauere um die Liebe, die ich nicht bekommen und die ich nicht gegeben habe, um den Beruf, den ich nicht gelernt habe und der mir nun mit einer Rente mein Alter sichern könnte. Trauere um meine nicht geglückte Ehe. Sitz da und weine und mein Schutzengel Anton, sitzt neben mir und legt seinen Arm um meine Schulter. Er kann mir nur helfen, wenn ich mir helfen lasse. Ich lasse mir helfen, ich lehne mich fest an ihn, aber ich will auch trauern.

Will dieses Gefühl ausleben bis es sich ausgelebt hat. Dieses Gefühl, das mich seit dem Tag begleitet, an dem meine Mutter mich ins 20 Kilometer entfernte Burg brachte und dort vergaß. Diese dunkle, abgrundtiefe Traurigkeit, die mich hinderte zu lachen und zu tanzen. Diese Traurigkeit, die meiner Oma gilt und meinem Opa, meinen Töchtern und allen denen, denen ich im Leben begegnet bin und die ich wieder verloren habe.

Meine Mutter ist heuer gestorben und ich habe sie in Frieden gehen lassen, ich trage ihr nichts mehr nach. Weiß ich doch nur zu gut, wie das Leben oft läuft und wie leicht man etwas macht, das man jahrelang bereut. Sie hatte auch kein leichtes Leben. Als sie es endlich ein wenig schön hatte, starb mein Vater und sie war allein. Aber sie hat ein gesegnetes Alter erreicht. Sie hat uns, ihre Kinder, allein durch ihr langes Leben und die Zeit, die sie uns dadurch gab, miteinander versöhnt. Dafür danke ich ihr sehr.

Was wird werden? Der Winter wird vergehen, wie er immer vergeht, und es wird ein neuer Sommer kommen. Mein Engel wird bei mir sein und es wird noch manches auf mich warten. Aber auf eines hoffe ich: dass diese Traurigkeit meines Lebens bald für alle Zeit Vergangenheit sein wird und ich als ein froher und innerlich heiterer Mensch die restlichen Tage meines Lebens leben kann.

Lange habe ich überlegt, ob ich das Grab meiner Tochter auflösen soll, denn niemand außer mir ist noch daran interessiert. Aber nun weiß ich, dass ich es behalten und dereinst dort bei ihr begraben werden möchte. Sollte ein Chor an meinem Grabe singen, wünsche ich mir nur fröhliche, hoffnungsvolle Lieder. Obwohl es oft nicht danach aussah, Gott war immer bei mir und hat mich getragen und gestützt. Alle Wege, die ich ging, ist er mit mir gegangen und er geht noch immer neben mir bis zu meinem allerletzten Schritt.

Wieder ist Montag, aber es ist bereits Ende Februar geworden. Schnee gab`s in diesem Winter wie lange nicht mehr. Aber nun scheint die Sonne und ich rieche schon den Frühling. Dankbar bin ich meinem kleinen Häuschen, das ich mit zwei Holzöfen warm halten muss. Wenn ich mein Häuschen nicht gehabt hätte, wäre ich in meinen Winterdepressionen versunken. Aber so musste ich morgens aufstehen und einheizen, denn ich wollte *nicht gerne erfrieren. Einmal aufgestanden, musste ich feststellen, dass es über Nacht wieder viel geschneit hatte, und so war meine erste Aufgabe Schnee räumen, dann Holz holen und einschüren. Wenn diese Arbeit getan war, setzte ich mich froh und zufrieden an meinen Küchentisch zum Kaffee. Ich möchte nicht sagen, dass Gott diesen Winter extra für mich geschickt hat, aber er hat mir gut getan. Das ich dieses Häuschen überhaupt gefunden habe, ist eines der vielen Wunder meines Lebens. Als ich erfahren habe, dass mein Mann eine Freundin hat, war klar, dass ich gehe. Bleiben hätte ich mit meiner Selbstachtung bezahlt. Wenn diese Entscheidung gefallen ist, kommt die Frage: Wo ziehe ich hin? Gerne wäre ich in der kleinen Stadt geblieben, aber es fand sich nicht das Passende. Ich fragte herum, hierhin, dahin, es tat sich nichts. Endlich fand ich ein Häuschen in einem Bauernhof. Alles wurde beredet, ich konnte einziehen. Einige Tage später, plötzlich und scheinbar ohne Grund, sagte die Frau: „Ich kann Ihnen das Haus nicht geben, ich weiß nicht warum, aber sie dürfen nicht einziehen." Obwohl ich erschrak und auch ein wenig gekränkt war, erkannte ich, dass es nur Anton sein konnte, der dieses Mietverhältnis verhindert hatte. Warum? Sicher nur, weil etwas wesentlich Besseres auf mich wartete. Also gab ich ein Inserat in die Zeitung und am Himmelfahrtstag rief eine Frau an und bot mir dieses kleine Häuschen an. Als ich es zum ersten Mal sah, traute ich meinen Augen nicht. Genau das, was ich suchte. Am Pfingstsonntag habe ich den Mietvertrag unterzeichnet. Kürzlich bekam ich Besuch, die Frau fragte erstaunt: „Wie hast du denn dieses Haus gefunden? Ich suche schon seit Jahren so etwas und ich bin schon oft hier vorbei gefahren, aber ich habe das Häuschen nicht bemerkt.“ Da wusste ich, mein Häuschen hatte sich versteckt, denn es wartete auf mich. Dem Himmel sein Dank!*

Mit meiner Scheidung bzw. Trennungsverhandlung ist immer noch nichts vorwärts gegangen. Wer weiß, für was das gut ist.

Gestern ist mir, wie so oft, wieder etwas bewusst geworden. Während ich meinen sonntäglichen Tatortfilm sah und den Tod eines Menschen im Film erlebte, wurde mir mit einem Male bewusst, wie die Streitabende mit meinem Mann entstanden sind. Sehr oft wurde ich durch irgendetwas, einen Film, ein Gespräch, einen Artikel oder ein Bild daran erinnert, dass wir sterblich sind.

Wir, im Alter von über 50, haben die Mitte längst überschritten und es kann schneller aus sein als uns lieb ist. Was aber bleibt von uns? Als vor Jahren mein ältester Bruder verstarb, wurde sein Urne zu unserem Vater in die Erde gelegt.

Lieber Gott, eine Sargbeerdigung zeigt schon sehr die Vergänglichkeit und Winzigkeit unseres Daseins, aber eine Urne, eine kleine Urne, ein Gefäß voller Asche, ist alles, was von uns übrig bleibt. Das Loch in der Erde ist klein, macht keine Mühe. Nicht einmal die Blumen müssen vom Grab weggeräumt werden, so wenig Platz braucht ein Mensch in seinem Grab.

Von allem, was wir in diesem Leben angesammelt haben, all das Geld auf dem Konto, die Kleider, die Erinnerungen, nichts bleibt. Die Erben nehmen das Geld und werfen alles andere weg, denn das Alte passt nicht in ein neues junges Leben. Wozu also immer nur sparen, immer nur Nichtstun, alles festhalten.

Warum zum Donnerwetter nahm mich mein Mann nicht in den Arm und freute sich mit mir, dass wir reich waren, gesunde Kinder hatten, eine gewisse Sicherheit? Wenn mir das bewusst wurde, setzte ich mich am Abend zu ihm in die Küche. Er sagt, er hatte vor diesen Besuchen Angst. Ich aber wollte ihm nur dieses eine vermitteln: Fang an mit mir zu leben, freu dich, es geht uns gut und wir leben ein wunderbares Leben. Er wollte es nicht verstehen.

Wenn ich laut wurde oder weinte, fühlte er sich angegriffen. „Zusammengeschissen", ja so fühlte er sich oder schob es vor, ich weiß es nicht. Er war die Liebe meines Lebens, ich hätte alles für ihn getan, jeden kleinsten Brotsamen der Liebe, den er mir hinwarf, nahm ich dankbar auf. Aber meine Liebe verfehlte ihr Ziel. Unter großen Mühen hatte ich ihm geholfen Stufe für Stufe aufzusteigen in ein gutes Leben, in der Hoffnung es mit ihm teilen zu können, nun wurde ich hinausgeworfen. Von ihm? Vom Schicksal? Ich weiß es nicht. Nichts geschieht ohne Grund. Schon meine Oma hat immer gesagt: „Selten ein Schaden wo kein Nutzen dabei ist." Es fällt mir schwer wieder hinab zu steigen in die Schlucht, der ich schon entkommen war. Wieder Sorgen zu haben die ich überwunden glaubte.

Aber: *„Der Herr ist mein Hirte, nichts wird mir fehlen. Muss ich auch wandern in finsterere Schlucht, ich fürchte kein Unheil, denn Du bist bei mir, dein Stock und dein Stab geben mir Zuversicht." Psalm 23*

Nun ist es schon Anfang März geworden und die Sonne scheint, der Schnee weigert sich und krallt sich fest, aber die Sonne lacht und wärmt und lässt ihn weinend davon fließen. Wie leicht vergehen die Sonnentage und wie lange erscheinen uns die Regentage. Die glücklichen Jahre auf dem Berg vergingen wie im Flug. Mit den Tagen gehen die Jahre. Auf dem Berg hatte ich nun endlich Zeit und auch Geld um etwas für mich zu tun, und es begannen meine schulischen Lehrjahre.

Als erstes arbeitete ich in der Ehevorbereitung. Bald gestaltete ich die Samstage, die katholische Brautpaare als Vorbereitung für ihre kirchliche Trauung absolvieren sollten.

Dabei bedauerte ich oft, dass ich den Paaren nicht all mein Wissen ins Herz legen konnte, ich musste sie gehen und ihr Leben leben lassen, mit allen seinen Höhen und Tiefen.

Wenn beide wollen, dann gelingt die Ehe, wenn nur einer will, hilft alles nichts.

Die Ausbildung zur natürlichen Familienplanungs-Beraterin war mein nächstes Projekt. Es war allerdings bald klar, dass ich mich mehr für die Wechseljahre interessierte als für die Kinderplanung. War meine eigene Planung in dieser Richtung ja bereits abgeschlossen. So wurde ich Wechseljahresberaterin.

Langsam und leise starb meine Ehe, die Leere war für mich unerträglich und sie trieb mich fort. Da ich mir aber keinen anderen Mann suchen wollte und auch nicht gerne Kaffeekränzchen besuche, ging ich von einer Schulung zur nächsten. Wenn das Thema auch oft nicht gut aufbereitet war, etwas konnte ich immer brauchen. Durch die Therapien, die ich immer noch besuchte, wurde mir auch langsam bewusst, dass ich keineswegs an allem in meinem Leben die Schuld trug. Langsam und zaghaft begann ich mir zu verzeihen.

Wenn ich mich vor den Spiegel stellte, schaute eine immer fröhlicher werdende Frau heraus.

Mein Mann konnte diese neue Fröhlichkeit nicht ertragen und begann gar nichts mehr zu tun. Das ist der einzige Weg, mich wütend zu machen. Wenn ich ihn bat, den tropfenden Wasserhahn zu reparieren und er sagte ja, tat aber nichts, dann wurde ich mit den vergehenden Tagen wütend. Diese Wutausbrüche nahm er als Alibi um gar nichts mehr zu tun.

Wie sehr litt ich darunter, dass es keine Zärtlichkeit, ja keinerlei Berührung mehr gab. Das alles war so verkehrt und machte mich wütend. Es dauerte viele viel Jahre bis ich dieses Schema durchschaute. Endlich aber nahm ich meine Wut liebevoll in den Arm, ich gestand mir zu wütend zu werden und siehe da: weg war sie. Mit der Zeit wurde ich immer seltener wütend. Sehr oft gelang es mir über etwas zu lachen, statt mich zu ärgern.

Vor allem aber tat ich fortan selber was notwendig war. Konnte ich es nicht dann holte ich Hilfe. Stark wurde ich dadurch. Ich merkte, ich kann was. Ich kann mit Geld umgehen, ich wurde Schulden-, Schuldfrei. An manchen Tagen war meine Seele so leicht, dass ich hätte fliegen mögen. Einfach die Arme ausbreiten und fliegen. Nun machte ich meinen Traum wahr und begann die Ausbildung zur Heilpraktikerin. Immer hatte ich gedacht, das wäre der richtige Beruf für mich, während der Ausbildung aber erkannte ich, dass ich nicht eine Heilerin im klassischen Sinne sein konnte.

Mein Beruf ist es, Märchen und Geschichten zu erzählen und so die Seelen der Menschen zu berühren. Über die Märchen kam ich zu ihren Ursprüngen und zu den Erzählungen über das Leben im Matriarchat und die Feste, die im Jahreskreis gefeiert wurden. Dieses uralte Wissen war mir so vertraut, dass ich dachte, ich würde nach Hause kommen. Gott, mein Vater, lachte und ging mit und mein Engel Anton auch.

Wenn ich im Namen der Göttin segne, dann segne ich auch im Namen Gottes, im Namen der All-Liebe. Wir feierten und feiern wunderbare Feste im Jahreskreis. Steigen mit der Sonne in den Zenit des Sommers und wieder hinunter in die Dunkelheit des Mittwinters.

Dabei begegneten mir die mächtigen Geister der Kräuter und sie erzählten mir von ihrer Liebe zu uns Menschen und wie wir sie zu unserem Heil nutzen können. In meinem Garten zogen Zwerge und Elfen ein. Die mächtigen Pflanzengeister segneten meinen Garten und jeder, der durch die kleine Gartentüre trat, konnte dieses spüren. Weil ich immer noch gerne etwas lerne, ging ich in die

Schule und machte die Ausbildung zur Kräuterpädagogin. Nunmehr hatte ich auch das theoretische Wissen um die Zusammenhänge in der Natur.

All mein Wissen gebe ich gerne an interessierte Menschen weiter, und es ist mein größtes Glück, wenn ich jemanden mitnehmen kann auf die Reise in die Märchenwelt und in die Zauberwelt der Kräuter. Wie wunderbar ist es, auf diesen Wegen den Engeln, den Zwergen, den Feen und all denen zu begegnen, die diese Welt mit ihrem Zauber zu einem liebenswerten Ort machen.

Wie gerne setze ich mich mit jemandem in den Heilkreis, rufe die Engel und himmlischen Geister, um dem Menschen bei seinem nächsten Schritt zur seelischen und körperlichen Heilung zu helfen.

Die Märchenfrau

Die Kräuterfrau

Ich bin eine gesegnete und eine zutiefst dankbare Frau. Ich bin nicht mehr jung, ich bin noch nicht alt. Bin stark geworden und doch auch so verletzlich. Meine Beine verlangsamen mein Leben. Nach guten Tagen kommen Tage, die mich zum Liegen zwingen. Den Tagen voller Zuversicht und Hoffnung folgen Tage voller Angst und Zweifel. So wird es auch bleiben, bis zu meinem letzten Tag. Denn Leben ist ein Weg durch Licht und Finsternis, durch Wälder und Flüsse, über Berge und Täler.

Viele begegnen uns auf diesem Weg, manche gehen ein langes Stück mit uns gemeinsam. Andere treffen wir nur ganz kurz. Jeder aber, der uns begegnet, bereichert unser Leben. Tut er uns gut, so gibt er uns Licht, tut er uns nicht gut, gibt er uns eine Lehrstunde.

Ja, ich bin eine glückliche Frau, ich habe Holz für meinen Ofen und Gemüse für meine Pfanne, mein Hund schnarcht auf seiner Decke und meine Katze jagt ein Wollknäuel.

Meine Kinder kommen auf Besuch und gehen wieder die ersten Schritte in ihr eigenes Leben.

Um meinen schönen Zaubergarten trauere ich sehr, was für tiefen Segen barg dieser Garten. Aber ich weiß, einmal müssen wir jeden Garten verlassen. Abschied nehmen von allem, was uns so lieb und teuer war. Um heimzugehen in den ewigen Garten, in dem Engel und Kinder mit uns tanzen und wo in jedem Winkel die Blume des Friedens und des ewigen Glückes blüht.

Das waren die wichtigsten Stationen meines nun siebenundfünfzig Jahre währenden Lebens.

Ist es nicht erstaunlich, wie schnell sich so ein Leben erzählen lässt, und wie die Tage lang sein können, wenn man sie lebt. Tage, die dennoch irgendwann vergehen.

Was bleibt sind kleine Sterne der Erinnerung, und ich kann meinem Mann verzeihen, das er nicht der Mann war den ich mir gewünscht hatte. Ich kann mir selber verzeihen, dass ich so oft Fehler gemacht und mich für das falsche entschieden habe. Ich kann die Einsamkeit annehmen die mich so oft in eine dunkle Höhle zog, der ich nur schwer wieder entkam. Und ich kann mich freuen an all dem das mir gelungen ist, besonders an meinen drei Söhnen und ich kann sagen:
Gut war es mein Leben, so wie es war.

Wenn ich meine Märchen erzähle, meine Kräuter ausbreite und ihre Kraft rufe, um heilen zu können, wenn ich mit jemandem im heilenden Medizinkreis sitze, dann weiß ich, ich habe meinen Beruf, mein Leben gefunden. Ich bin nicht dumm geblieben und es ist aus mir etwas geworden.

Unendlich dankbar bin ich dafür.

Vielleicht würde das alles den Augen der Klosterfrauen aus meiner Kindheit nicht standhalten, aber ich weiß, vor Gott hält es stand und er wird mich mit ausgebreiteten Armen empfangen, wenn mein Weg auf dieser Welt für dieses Mal beendet ist.

Gott ist alle Zeit mit Dir und mit mir. Amen.

Epilog

Da bist du ja wieder! Der freundliche Engel schaut lächelnd auf die Seele. Ein wenig scheint sie ihm ramponiert zu sein, aber ihr Lächeln ist strahlend.
Der Engel nimmt die Seele bei der Hand, weißt auf eine kleine Wolke und sie setzen sich ganz nahe nebeneinander und die Seele beginnt zu erzählen.
Vom Beginn des Weges an auf dem Planeten Erde, von all der Freude, dem Duft des Sommers, dem warmen Feuer im Winter, der Wärme der Berührungen.
Von den schönen Kleidern, der herrlichen Musik, dem fröhlichen Singen, dem sausen auf dem Fahrrad, dem Gesang der Vögel. Der Engel hört lächelnd zu. Hast du nicht auch viel Leid erlebt und viel Traurigkeit.
Die Seele denkt nach, dann nickt sie. Oh, ja. So viel das es oft kaum zu ertragen war, aber alle die gingen sind nun wieder da und aller Schmerz zeigt sich nun als eine Lernstunde.
Die Seele atmet tief ein, tief, tief den Duft des Himmels; und Seligkeit breitet sich in ihr aus und Frieden. Sie steht auf, verbeugt sich vor dem liebevoll lächelnden Engel und tritt herab von der Wolke; hinein in die

Ewigkeit.

Danke

Zum Schluss will ich allen Danken, die in den letzten siebenundfünfzig Jahren ein Stück des Weges mit mir gegangen sind.
Jeder war ein Segen für mich, besonders aber mein Mann, denn mit ihm habe ich Kinder bekommen und die sind das allergrößte Geschenk meines Lebens.
Danken möchte ich auch meinen Freundinnen für die vielen Gespräche und das viele Licht das sie in mein Leben bringen.
Ich wünsche mir, dass dieses Buch den Glauben in den Leserinnen und Lesern bestärkt, den Glauben, dass wir alle zu einem großen göttlichen Plan gehören und dass uns nichts aus dieser All-Liebe hinaus schleudert, außer unser eigener Wille.
Ich wünsche Euch und mir noch eine wunderschöne Lebenszeit auf dieser unseren wunderbaren Mutter Erde und freue mich, wenn wir uns begegnen.